강득구의 **발바닥 정치**

강득구의 **발바닥 정치**

교육과 지역에서
희망을 보다

강득구 지음

와선재

정치는 저의 숙명

저는 정치인을 꿈꿨지만, 국회의원까지 될 줄은 몰랐습니다. 도의원, 국회의원 보좌관, 경기도 연정부지사, 경기도복지재단 이사장 등 나름대로 다양한 경력을 쌓았으나 개인적 삶의 기반과 비교하면 깜냥 이상으로 비교적 세상을 두루 경험했다고 봅니다. 그러고 보면 관운이 꽤 좋은 편인 듯합니다.

그러나 두 번의 낙선, 한 번의 컷오프 등으로 힘든 시간도 적지 않았습니다. 그런데 왜 이러한 우여곡절에도 정치권에 남아 있을까? 왜 정치하려고 여전히 삶의 전부를 던지고 있을까?

한때는 정치판을 떠나 남대문에서, 강남터미널에서 장사하기도 했습니다. 가발을 팔면서, 액세서리 도매업을 하면서, 많은 거래업체를 상대하면서 경제적인 보람을 느끼기도 했습니다. 하지만 늘 공허했습니다. 돈을 버는 보람보다는 사람 간의 갈등을 조정하는 일이 훨씬 뿌듯했습니다. 그래서 정치를 시작했고, 그러다 보니 사회의 여러 현안을 이슈화하고 공론화해 시민 관점에서 합의점을 찾아내는 일이 즐거웠습니다. 어찌 보면 정치는 저에게 숙명이었던 셈입니다.

누군들 영예와 치욕을 겪지 않았으랴만, 저는 특별히 영욕이 교차하는 인생길을 걸어오지 않았나 싶습니다. 다만, 어떤 상황에 놓여 있든 저는 늘 안양과 대한민국을 앞세워 동시대인의 삶에 함께 고민했고, 더 나은 미래를 상상하며 어떻게 하면 실현할 수 있을지 애써 왔다고 생각합니다. 이런 과정을 거치면서 나름대로 제 인생관이나 정치적 신념을 정립했다고 봅니다.

지금의 저를 지탱하는 가장 큰 자산은 삶의 여정에서 만든 의지입니다. 어떤 절망스러운 상황 속에서도 무엇인가 이뤄내기 위해 끊임없이 노력하는 도전정신과 맞닿아 있다고 감히 단언합니다.

페이스북에 실린 강민정 의원의 불출마 변을 읽었습니다. 내용 중에 '정치인이 된다는 것은 참으로 무거운 자리'라는 문장이 있었습니다. 전적으로 공감합니다. 하면 할수록, 알면 알수록 그 무거움이 천근만근 짓누릅니다. 정치가 때때로 비난과 조롱의 대상이 되지만, 정치라는 영역을 통하지 않고는 사회의 중요한 과제를 풀 수 있는 일이 거의 없다는 것을 저는 정치판에 있으면서 확인해 왔기 때문입니다.

강민정 의원은 글 끝에 '왜 꼭 나여야 하는가?', '내가 국회의원이 되어 4년간 일하면서 세상에 어떤 기여를 한 것인가?'를 꼭 다시 한번 물어봐 달라고 요청합니다.

솔직하게 자문하면 명료하게 정리되지는 않습니다. 4년 동안의 의정활동을 가지런히 바로잡아 보는 시간이 다가오는데, 돌아보면 보람도 있었고 회한도 있었습니다. 사실, 사람을 위한 정치를 한다고 내세웠으나 적지 않은 분께 상처를 줬습니다. 늘 마음 아프고 미안하게 생각합니다. 시대정신을 제대로 읽고 역사적 소임을 다하고자 했으나 참 부족했습니다.

이 책에는 저의 기자회견과 이에 따른 보도자료를 중심으로 4년간의 의정활동을 정리했습니다. 초안을 보니 왠지 아쉬움과 미련이 남습니다. 하지만 이것 또한 저인 걸 어쩌겠습니까. 훗날 혹시 다른 책을 낼 기회가 있으면 좀 더 정성을 들이고 치열하게 준비해서 의미 있는 책을 쓰고 싶습니다. 너그러이 이해 해 주기를 바랍니다.

출판과 관련해 애써주신 모든 분께 진심으로 감사와 고마움을 전합니다. 부족함을 채우느라 수고하셨습니다. 또, 제가 선출직으로 활동할 수 있도록 직·간접적으로 함께해 주고 늘 성원해 주는 모든 분, 특히 안양시민 여러분과 지인분께 진심 어린 감사의 말씀을 드립니다.

2023년 11월, 강득구

목차

제1부

우리 현실과
정치 과제

INTERVIEW

강득구 의원은 2019년 《득구있다》라는 책을 내놓은 바 있다. 자신의 이름을 포함함으로써 책의 성격과 특징을 잘 표현한 제목이다. '득구 있다'는 것은 서민의 곁에 강득구가 늘 있다는 것을 나타낸 것이기도 하고, 발음상 '듣고 있다'로도 들리므로 강득구가 늘 민생의 목소리에 귀를 기울인다는 뜻도 있다.

실제로 강득구는 잘 '듣는' 사람이다. 지역의 구석구석을 돌며 지역민 이야기를 자주 듣는다. 그는 시장, 상점, 학교, 식당, 공원, 도서관 등 만안 지역을 두루두루 누비고 다니면서 사람들 이야기에 귀를 기울인다. 그가 있는 곳은 서민이 사는 삶의 터전이다. 그는 늘 서민 곁에 '있는' 사람이다.

그런 그가 2020년 새바람을 일으키면서 제21대 국회의원에 당선됐다. 그의 당선은 지역의 정치로 보든 중앙정치로 보든 기존 관성과 고정

관념을 깬 사건이었다.

이제 그가 21대 국회에 입성한 지도 3년이 넘었다. 그는 과연 어떤 각오로, 어떤 일을 하면서 살았을까? 남은 기간은 어떻게, 무슨 일을 할 것인가? 또한, 다음 정치 행보는 어떻게 이어갈 것인가? 이관형 박사(철학)가 강득구 의원을 만나 궁금한 사항을 물었다.

● ● ●

보통 정치를 생물에 비유합니다. 끝없는 타협의 과정이자 타협의 산물이라는 것을 함축한 말이라고 생각합니다. 그렇지만 정치인이 지켜야 할 원칙은 있어야 합니다. 정치를 하면서 지속해서 견지한 신념과 이루고 싶은 일이 있으면 말씀해 주시기를 바랍니다.

정치인은 소명 의식이 있어야 한다고 생각합니다. 공인으로서 기본적인 자세 견지가 필요한데, 어떤 일을 판단하고 결정할 때 늘 사심을 배제해야 합니다. 이게 정치인이 지켜야 할 큰 원칙이라고 생각합니다.

제가 반드시 지키고자 하는 원칙 중 하나는 희망을 줄 수 있는 삶의 비전을 제시해야 한다는 것입니다. 정치인은 국가에 대한 비전, 지역에 대한 비전, 시민 삶의 비전을 고민하고, 이 비전을 통해 희망을 만드는 역할을 해야 합니다. 그렇게 하려면 인격을 보호받고 존엄한 삶을 살아갈 수 있도록 환경과 토대를 만드는 것이 중요합니다. 특히, 사회적 약자에게 더 따뜻한 관심을 기울여 이분들이 '이 사회가 그래도 온기가 있는 터전'이라는 마음이 들게 하는 것이 제 바람이자 꿈입니다.

● ● ●

3년여간 국회에서 의정활동을 해오셨는데, 경기도의회 활동과 다른 점은 무엇이고 같은 점은 무엇인가요?

저는 경기도의회에서 3선 도의원을 지냈습니다. 지금은 국회에서 초선의원으로 활동하고 있습니다. 경기도에서는 아무래도 직접 주민의 삶과 연결된 정책이 중심이지만, 국회는 상대적으로 좀 더 큰 틀에서 국가 정책 기조 같은 것과 관련한 고민을 더 중시하는 느낌입니다.

● ● ●

보통 국회의원은 임기 4년 중 전반기 2년, 후반기 2년으로 나눠 각기 다른 상임위에서 활동하는데, 강득구 의원께서는 전·후반기 모두 교육위원회에서 활동하셨습니다. 특별한 이유가 있을까요?

특별한 이유가 있어서라기보다는 학교라는 공교육 제도가 아이들의 삶에 얼마나 큰 영향을 미치는지 제 삶을 통해 실감했기 때문에 교육 문제에 관심이 많았던 겁니다. 경제나 산업 등의 여러 분야가 있으나 그 토대는 결국 교육에 있다는 생각이었고, 나름대로 고민 끝에 교육위를 택한 것입니다.

전반기 2년 활동하다 보니까 좀 더 해야 할 것과 보완해야 할 부분이 있다고 생각해 후반기에도 교육위에서 일하는 것입니다. 나름대로 보람도 있고요, 물론, 한계도 있고 나름대로 반성도 하고 있습니다만, 공교육이 희망이 되어야 한다는 점은 갈수록 오히려 절실하게 느낍니다.

● ● ●

민생을 으뜸으로 여기는 정치인으로서 왜 경제 관련 상임위가 아니라 교육위를 택하셨는지 궁금합니다.

언뜻 보면 교육과 민생이 관계가 없는 것처럼 보이지만, 사실 교육은 모든 분야에 알게 모르게 영향을 미칩니다. 제가 공교육에 관심을 두어 국회 교육위원으로 활동하게 됨에 따라 재확인한 것이지만, 교육제도가 불평등과 격차를 심화시키고 있습니다. 현행 입시 체제를 예로 들더라도 사교육비가 늘어날 수밖에 없는 구조이고, 장애인 교육이나 직업계 고등학교 문제도 상대적으로 사회적인 관심이 부족한데, 이 모든 것이 민생과 직접적으로 관련이 있는 것이지요. 그러므로 민생이라는 관점에서 공교육의 방향성을 정립하는 것이 중요한데, 이것이 제가 교육위원회를 선택한 이유이기도 합니다.

물론, 다음에 다시 기회가 있으면 민생과 좀더 직접적인 관련이 있는 상임위를 택해 보고 싶은 마음도 있습니다. 다만, 어느 상임위든 중요하지 않은 상임위는 없으므로 '실사구시'의 자세로 일하는 것이 중요하다고 생각합니다.

● ● ●

과거 연정부지사로 활동할 때도 그랬듯 평소에 소통과 통합의 중요성을 강조하십니다만, 21대 국회는 소통과 통합에 관한 한 낙제점이라는 것이 중평인 듯합니다. 소통과 통합의 정치를 위해 무엇이 필요하다고 생각하십니까?

소통과 통합의 정치에 가장 필요한 것은 상대방에 대한 배려라고 생각합니다. 자기 시선으로만 세상을 바라보는 사람에게 소통을 기대하기는 어렵습니다. 상대방에 대한 배려의 마음으로 역지사지할 때 비로소 의미 있는 존재가 되기 시작하는 거지요. 저는 2년 가까이 경기도에서 연정부지사직을 맡았습니다. 당시 남경필 새누리당 의원이 경기도지사에 당선돼 부임해 있었습니다. 저는 민주당 소속으로 당의 추천을 받아 연정부지사가 됐습니다. 사실, 경쟁 관계에 있는 두 당이 함께 일하는 연정은 도저히 안 될 얘기라고 했습니다. 그러나 여소야대의 당시 상황에서도 경기도정은 한 번도 파행을 겪은 적이 없습니다.

연정의 대전제는 소통이었습니다. 저는 어떻게 하면 연정에서 민생에 도움이 되는 의미 있는 성과를 낼 수 있을지 고민했습니다. 민주당이 잘하는 분야와 새누리당이 잘하는 분야를 골라 한데 묶어 도정에 반영될 수 있도록 원칙을 정하고, 그 원칙에 따라 열심히 일했습니다. 무엇보다 남경필 지사의 결단과 상당수 민주당 도의원의 최선을 다한 노력 덕분에 좋은 성과를 냈다고 생각합니다. 그런데 국회에 와서 보니 상대방의 처지에 대한 고려는 거의 없고, 당의 입장이나 개인 고집만 내세우는 예가 많아 실망스러웠습니다.

저는 민생 차원에서도 그렇거니와 국가의 미래 차원에서도 양당이 큰 틀에서 함께 고민하고, 함께 결정하는 게 필요하고도 중요하다고 봅니다. 가령, 저출산이나 에너지 문제는 특정 정파가 독점할 수 있는 사항이 아니므로 머리를 맞대고 좋은 방안을 도출해야 합니다. 물론, 특위를 가동하고 있기는 합니다만, 좀 더 양당이 협력해 적극적으로 비전과 희망을 만들어야 합니다.

● ● ●

국정감사가 마무리된 것으로 알고 있는데, 2021년과 2022년 연속해서 더불어민주당에서 수여하는 국정감사 우수의원상을 수상하셨습니다. 비결이 궁금합니다.

국감이 끝나면 여러 단체에서 여러 가지 상을 줍니다. 그렇지만 의원으로서는 당에서 주는 상이 제일 무게가 있는 큰 상입니다.

저는 국감을 시작할 때 우리 의원실의 보좌진과 함께 올해 국감 키워드를 뭐로 할 것인지 논의합니다. 주로 격차 해소와 사회적 불평등 완화를 대원칙으로 삼아 국감을 준비합니다.

좀 더 구체적으로 말하자면 첫 번째 원칙이 '일찍 준비한다'이고, 두 번째 원칙이 '치열하게 준비한다'입니다. 세 번째 원칙은 '시민사회단체와 협업한다', 마지막 원칙은 '의원실이나 의원 입장도 중요하지만 시대정신에 대해 고민한다'인데, 우리는 이 원칙을 3년 동안 견지했습니다. 이 기간에 대략 100여 가지를 국정감사 대상으로 준비했습니다. 아마 이런 노력 덕분에 우리 당에서 주는 '국정감사 우수의원상'을 받고, 언론에서도 인정받지 않았나 생각합니다. 물론, 국감이 끝난 다음에는 늘 반성할 부분이 생기고, 더 잘해야겠다고 다짐하게 됩니다만....

●●●

올해 국정감사에서 어느 부문에 주안점을 두었고, 가장 보람이 있었던 것과
아쉬웠던 것은 무엇이었는지 말씀해 주시기를 바랍니다.

이번 국정감사에서 우리가 가장 주안점을 뒀던 것은 윤석열 정부 1년
반 동안의 교육정책 점검이었습니다. 이번에 대학 입시 개편안이 나왔
는데, 이에 대한 고민을 시민사회단체와 함께 나누었던 것을 담고자 했
습니다. 또, 교육소수자인 장애인 대상 특수교육과 직업계 고등학교 교
육과 관련해 진지하게 고민했던 것을 관철하려고도 노력했습니다.

이런 원칙과 방향 속에서 치열하게 고민한 것인데, 보람이라면 장관
으로부터 "입장을 바꾸겠다. 의원님 입장을 고려하여 고민하겠다." 이
런 얘기를 들었을 때였지요.

그렇지만 아쉬움이 남습니다. 이번에 윤석열 정부에서 발표한 대학
입시 개편안이 여전히 상대평가 중심으로 돼 있었기 때문입니다. 그래서
이주호 장관께 절대평가로 가야 한다고 입장을 정리해 제안했으나 확
답을 받지 못했습니다.

또, 특성화고등학교를 포함한 직업계 고등학교 등에도 관심을 가져
야 할 텐데, 이 문제가 여전히 정책의 주변부에서만 맴돌고 있어서 어떻

게 풀어야 할지 숙제입니다.

●●●

1987년 민주화운동 이후 우리 국민 사이에는 민주화가 뒤로 후퇴되지는 않을 것이라는 믿음이 상식처럼 자리 잡았습니다. 실제로 그동안 민주화는 약간의 곡절이 있었으나 발전을 지속해 왔습니다. 그런데 윤석열 정부 출범 이후 민주화의 위기가 거론되고 있습니다. 우리나라 민주화의 미래를 어떻게 생각하십니까?

저는 '87 체제'가 한국 사회의 제도적 민주주의 틀을 만들었다는 것에 동의합니다. 이 체제 속에서 민주주의가 자리를 잡기 시작했지요.

그러나 윤석열 정부가 들어선 후 삼권분립과 공화주의, 언론자유 등이 무너지는 느낌을 받았습니다. 소위 말하는 '시행령 통치'를 포함해 국정 운영이 거의 검찰 중심으로 이루어지고 있습니다. 물론, 이에 동의하지 않는 분도 있겠으나 저는 국회에 와 확실히 절감하고 있습니다. 이의 극복이 시대적 과제라고 생각하는데, 차기에 민주정권이 들어서면 무너진 것을 어떻게 정상화할지가 중요한 과제 중 하나가 될 것입니다. 저는 시간문제일 뿐, 대한민국의 민주주의가 일시적으로 후퇴할 수는 있지만 복원될 것이라고 봅니다. 꼭 민주당이 아니라 어떤 정권이 들어서도 민주주의가 공고히 자리 잡을 수 있도록 하기 위해서는 우리가 어떻게 해야 하는지 사회적 고민이 필요하다고 생각합니다.

　결론적으로 말씀드리면 일시적으로 민주주의가 퇴행할 것처럼, 또는 퇴행한 것처럼 보이나 민주주의는 인류가 탄생한 이후 자리매김한 가장 바람직한 정치 제도라는 점은 대부분 공감할 것입니다. 6개월 남은 총선(2024.4.10.)과 이후 이어질 지방선거(2026.6.3.)와 대선(2027.3.3.)에서 민주주의를 지키고자 하는 모든 사람과 단체가 중지를 모아 미래를 고민하고 준비해야 합니다.

● ● ●

　민주주의뿐만이 아니라 민생도 위협받고 있습니다. 민생을 중시하는 정치인으로서, 현재의 민생 위기 상황을 어떻게 극복할 수 있을지 해법이나 견해를 밝혀 주십시오.

　민생이 위기에 처했습니다. 코로나가 끝나면 나아질 거라고 생각했지만, 고금리·고물가가 이어지다 보니 민생이 어려워진 것입니다. 그런데 불행히도 이러한 현상이 당분간은 지속될 것으로 보여 고민이 깊습니다. 국내 문제도 있지만, 외적인 이유가 더 크기 때문에 극복이 쉽지 않을 것으로 봅니다.

윤석열 정부는 구조적으로 상당히 힘든 상황에 봉착해 있습니다. 앞서 고금리·고물가를 말씀드렸는데, 미국에서 금리를 올리니 우리도 어느 정도는 올려야 했었습니다. 아울러 우크라이나전쟁으로 유가를 비롯한 물가가 전체적으로 상승할 수밖에 없었습니다. 여기에 최근의 이스라엘-팔레스타인 간 충돌로 어려움이 가중하게 됐습니다. 그런데 이러한 상황에서 소위 '긴축 재정, 건전 재정'을 내세우는 긴축정책 기조를 펴는 바람에 경제가 더 어려워진 측면이 있습니다. 특히, 감세 정책은 대기업에는 일정 정도 혜택을 줄 수 있지만, 서민의 삶은 더 어렵게 하는 요소로 작용할 수 있다는 점에서 좀 더 신중히 고려했어야 한다고 봅니다.

윤석열 정부 앞에는 여러 가지 구조적인 문제가 외적인 경제환경으로 주어져 있는 데다가 내부의 무능함까지 겹쳐 있어 민생위기가 더욱더 심각해질 소지가 다분합니다. 경제 흐름으로 보나 민생 측면의 시각으로 보나 윤석열 정부의 정책 기조, 특히 경제 기조는 방향성에서 문제가 적지 않아 많은 사람이 이를 어떻게 풀어야 할지 참으로 난감해하고 답답함을 하소연합니다.

저는 좀 더 민생을 기조로 정책을 풀어나가야 외적인 문제를 국내에서 일부라도 해소할 수 있다고 윤석열 정부에 전하고 싶습니다.

●●●

　우리 교육에서 가장 큰 문제는 무엇이라고 생각하시는지요?

　한마디로 말씀드리면 공교육이 사람의 삶과 지역 간의 격차를 더욱 더 구조화한다는 점입니다. 예를 들면, 모든 정책이 지나치게 서울 중심입니다. 특히, 특목고나 자사고 등을 포함한 교육 체제는 부의 대물림, 권력의 대물림으로 이어지게 하는 것이어서 큰 문제입니다.

　공교육은 격차를 완화해야 합니다. 그런데 그렇게 하려고 노력하기는커녕 구조적으로 격차를 더 벌려놓게 하고 있으니 이를 어떻게 풀어야 할지, 이것이 제가 제일 고민하는 것입니다.

●●●

　교육을 통해 계층구조가 재생산되고 있습니다. 이를 시정할 방안이 있을까요? 좀 더 구체적으로 이 문제를 해결하기 위해 가장 먼저 개선해야 할 점은 무엇이라고 보십니까?

자사고, 특목고가 설립 취지와는 맞지 않게 변질됐습니다. 자사고나 특목고나 모두 교육과정이 대학 입시에서 좋은 성과를 내는 데에 철저하게 맞춰져 있습니다. 그러나 교육 본래의 목적이나 본질과는 다르게 교육이 대입에 모든 것을 거는 데에 역점을 두는 것은 바람직하지 않습니다.

자사고와 특목고 제도는 공교육이 계층구조를 오히려 공고히 하는 역할을 했다고 생각합니다. 따라서 이 제도와 관련한 정책적인 전환이 필요합니다. 대학의 서열화 문제를 어떻게 풀어갈 것이냐 하는 것도 깊이 고민해야 할 사항입니다. 대학 서열화는 서울·수도권 등에 치우친 지역 격차의 소산인 측면이 있으므로 지방 소멸 문제와 연관 지어 접근해야 한다고 봅니다.

입시제도는 격차를 구조화하는 하위 요소이면서 동시에 근본적인 요소의 하나이기도 합니다. 이번에 발표한 대학 입시안은 기본적으로 상대평가를 유지하는 쪽으로 초점이 맞춰져 있습니다. 내신 구간이 9등급에서 5등급으로 넓어졌습니다만, 이 제도는 자사고나 특목고, 그리고 서울 강남권 학생에게 더 유리한 제도입니다.

학교의 제도나 입시제도가 알게 모르게 사회 격차를 더욱더 공고하게 하는 방향으로 진행됐는데, 이는 우리 사회에서 계층 사다리를 점점

의미 없게 하고, 계층구조를 갈수록 단단하게 했습니다. 이런 문제를 어떻게 풀어갈 것이냐, 이에 대한 진지한 고민과 성찰이 필요하다고 생각합니다.

●●●

학교폭력이 문제가 되고 있는데, 먼저 학교폭력이 발생하는 원인이 어디에 있다고 보십니까? 교육제도, 교육 현실과 관련해서 답변 부탁드립니다.

우리나라 공교육의 최종 목적은 대학 입시에 있습니다. 그런데 대학 입시가 상대평가를 기반으로 하고 있기 때문에 초등학교 때부터 철저히 경쟁할 수밖에 없습니다. 경쟁은 기본적으로 상대와 싸우는 것, 상대방을 인정하지 않는 것입니다. 그러니까 늘 폭력이 일어날 가능성이 있는 거죠. 저는 학교폭력에 대학 입시 제도가 가장 큰 문제를 야기했다고 생각합니다.

학교폭력 문제는 학교의 문화에도 원인이 있다고 생각합니다. 대입 경쟁체제 속에서 살다 보니까 학교 문화도 경쟁체제로 흘러가게 되는데, 앞서 말씀드렸듯 경쟁체제는 폭력성을 잠재적으로 동반하므로 분위기부터 바꿔야 합니다. 서로 배려하고, 서로 존중하고, 공유할 수 있는 체제로 전환해 이를 전체적인 학교 문화로 자리 잡게 해야 합니다.

학교폭력이 우리 사회에 일정 정도 구조화한 측면이 있으나 이와는 달리 학교 본래의 분위기를 잘 조성해 문화로 정착한 곳도 있습니다. 이런 학교에서는 학교폭력이 상대적으로 당연히 적습니다. 일선 현장의 선생님들도 전체적인 학교 분위기가 학교폭력의 심각성 정도를 좌우한다고 공통으로 말합니다. 결국, '맞서는 경쟁'이 아니라 '마주하는 함께'가 무엇보다 중요하다는 얘기입니다. 학교문화나 대학 입시 체제를 근본적으로 고민할 때 꼭 잊지 않아야 할 중요한 요소 중 하나라고 생각합니다.

● ● ●

학교폭력 자체도 문제지만, 그것이 부모의 권력에 의해 조장·은폐되는 것은 더 큰 문제라고 봅니다. 이에 대한 대책은 무엇이 있을까요?

학폭은 단순히 학급 내에서 일어나는 개인과 개인 간의 문제가 아닙니다. 물론, 단순한 학폭도 있습니다만, 사실은 부모의 권력이 학생 간의 관계를 규정하는 경우가 많다는 것을 정순신·이동관·김승희 등의 자녀를 학폭과 관련해 조사하는 과정에서 알게 됐습니다.

부모의 권력에 기반한 학폭을 어떻게 풀어나가야 할지 솔직히 말해

저도 지금으로서는 참 난감합니다. 현재로서는 법적·제도적 보완 방안을 마련하면서, 다른 한편으로는 근본적인 대책을 마련하기 위해 여러 교육 관련 주체와 논의하고 있습니다.

● ● ●

우리의 교육 현실은 소위 좋은 대학, 좋은 과 가는 데만 집중되고 있는 듯합니다. 그런데 강득구 의원께서는 장애인, 학교 밖 청소년, 직업계고 학생, 문해 능력이 없거나 떨어지는 성인, 전문대 학생, 비수도권 대학 재학생 등 교육소수자에 대한 관심이 남다른 것으로 알고 있습니다. 특별히 관심을 두는 이유가 궁금합니다.

교육소수자라고 말씀하셨는데, 달리 표현하면 이분들은 사회적 취약계층이기도 합니다. 이들 교육소수자, 혹은 취약계층은 국가가 나서서 좀 더 큰 틀에서 적극적으로 포용해야 합니다.

현재의 우리나라 교육은 여전히 주류 중심의 정책, 주류 중심의 예산 배분으로 이루어집니다. 누군가는 교육소수자, 취약계층의 처지를 좀 더 적극적으로 대변하고, 관련 정책들이 조속히 제대로 자리매김할 수 있도록 최선을 다해야 하는데, 이것이 참 어렵습니다. 혼자, 또는 몇몇이 하려니 힘에 부칠 수밖에 없지요. 하지만 그래도 해야 하는 사람이 바로 정치인이요, 그것이 정치인의 책무이기도 하다는 생각입니다.

교육소수자나 취약계층에 관심을 기울이는 것은 당연한 일입니다. 이 당연한 일이 제대로 이루어지지 않고 있습니다만, 의원으로서 제 역할을 다하기 위해 적극적으로 고민하고 나름대로 최선을 다하고 있습니다. 특히, 이 문제는 저 역시 취약한 조건에서 성장했으므로 제 삶과도 무관하지 않습니다. 앞으로도 교육소수자나 취약계층에 관한 관심은 계속 이어 나가겠습니다.

사교육이야 말할 필요도 없습니다만, 공교육 제도의 정책과 예산도 상대적으로 기득권 계층이 부모인 자녀학생층에 집중되는 경향이 있습니다. 여기서 기득권이라는 것은 학력이라든지 재산이라든지 따위의 사회적 여건이 좋은 사람을 말합니다. 이들 계층의 자녀학생층에 재원이 많이 배분된다는 얘기입니다. 말로는 사회적으로 배려해야 할 분들에게 초점을 맞춰 정책을 만들고 예산을 투여한다고 하지만, 예산 배분은 물론이거니와 정책적인 고려 측면에서도 상당히 소홀한 것이 현실입니다.

그러면 누가 기득권과는 먼 서민이나 취약계층에 관심을 두어야 할까요? 정치권이 먼저여야 합니다. 이러니저러니 해도 정치권에서 계속해서 메시지를 내놓고 여론을 움직이게 하면, 정책 결정 단위에 있는 관료들이나 이들에게 영향력을 미칠 수 있는 분들도 관심을 두게 됩니다. 저는 나름대로 의미 있는 메시지를 내놓음으로써 이들이 좀 더 우리 교육소수자에게 시선을 돌려 배려할 수 있게 하는 것이 국회의원으로서

할 일이자 시대적 소임이라고 생각합니다.

국회의원은 그늘진 곳, 소외된 곳을 따뜻한 시선으로 바라볼 수 있어야 합니다. 그곳이 조금이라도 행복해지고 조금이라도 살 만해지는 것에서 저는 보람을 느낍니다. 제가 꿈꾸는 '더불어 사는 세상'도 바로 이런 것에서 출발하는 것이므로 한 발짝 일조했다는 생각도 들게 하는 것이지요.

● ● ●

강득구 의원께서 21대 국회에서 시민과 약속했던 것 중, 성과를 이룬 것이 이미 여럿 있다고 들었습니다. 어떤 것이 의미 있는 결실이라고 생각하십니까?

먼저, 안양역 앞에 있었던 폐건물 '원 스퀘어'를 25년 만에 철거한 것을 들 수 있습니다. 안양시민은 물론이고, 안양시민이 아니더라도 안양역 앞을 지나는 사람이라면 흉물스러운 모습을 보셔야 했는데, 이 문제를 해결한 것이므로 의미 있는 성과라고 생각합니다. 건물 철거가 쉬운 일이 아니었지요. 철거를 위해 관련 법안을 개정하는 일까지 있어서였는지 프로젝트 완료 후 더 크게 보람을 느꼈습니다.

두 번째로 들 수 있는 결실은, 안양시 청사 이전 계획을 확정했다는 것입니다. 현재 추진 중인데, 제가 처음으로 청사 이전 공약을 내세웠었지요. 이어 이 공약을 최대호 당시 더불어민주당 안양시장 후보가 이어받아 공약으로 내걸어 당선됐고, 시장이 된 그가 사업 추진을 구체화했지요. 이미 용역을 맡기고 관련 위원회도 만들어서 계획대로 청사 이전을 진행하고 있습니다. 안양시 청사 이전은 만안구와 동안구의 균형발전이라는 측면에서 상당한 의미가 있다고 생각합니다.

'서울대관악수목원' 개방도 큰 성과라고 생각합니다. 처음에는 일부 개방이었으나 지금은 전면적인 개방으로 방침이 바뀌었습니다.

안양천을 새롭게 만드는 프로젝트도 의미 있는 결실의 하나입니다. 제가 8개 시·구의 국회의원과 함께 '안양천 국가정원화'를 주도적으로 진행하고 있습니다. 시민의 삶이 힘을 얻을 수 있는 힐링 공간이 되게 만들 생각입니다.

'박달 스마트밸리'는 얼마 전 시행사를 결정했는데, 이는 구체적으로 일을 진행할 수 있는 조건을 만들었다는 의미입니다.

안양이 자족성을 갖춘 도시로 성장해 나갈 수 있도록 최선을 다하겠습니다.

● ● ● ●

더불어민주당의 안양 만안지역위원회 위원장이기도 한데, 지역위원회는 어떤 식으로 꾸려가고 있습니까?

정당정치의 시작은, 지방자치의 시작은 '지역'이라고 생각합니다. 이런 의미에서 그 중심인 우리 안양 만안 더불어민주당 지역위원회는 민주적으로 다양한 목소리를 반영할 수 있도록 노력하고 있습니다.

저는 이 지역위원회에서 민생 문제를 확인하고 챙기면서 안양 만안의 비전을 만들어 갈 수 있도록 1~2주에 한 번씩은 어떤 일이 있더라도 참석해 시도의원과 지역 현안 이야기를 나눕니다. 이를 통해 지역위원회가 '민생 상담소'로서 역할하고 있다고 자부하는데, 지역 주민의 친화적 공간으로도 활용할 수 있게 소통을 강화하고 있습니다.

저는 이 지역위원회를 통해 지방자치가, 민주당의 가치가 실현될 수 있도록 최선을 다하고 있습니다. 이 위원회가 시민의 민원을 포함해 서민의 삶과 함께하는 조직, 지역 비전을 만드는 조직으로 자리매김하도록 지역위원장으로서 온 힘을 기울일 생각입니다.

●●●

경기도 출신 의원이기도 한데, 국회의원으로서 경기도민에게 하고 싶으신 말씀이 혹시 있으십니까?

경기도는 수도권이라는 이름으로 서울에 묻혀가는 경향이 있습니다. 저는 지방자치에서 가장 중요한 부분이 정주성(定住性이)이라고 생각합니다. 앞으로 경기도가 정주성을 어떻게 확보해 갈 것인지 고민이 필요하다고 생각합니다.

두 번째로는 과도한 서울 쏠림에 따른 교통 문제와 교육 문제 등의 모든 현안이 경기도에 다 있다는 것입니다. 이런 과제를 어떻게 풀지 숙고해야 합니다.

정주성을 갖기 위해서는 일자리, 교육, 문화 등이 지자체 권역별로 잘 이루어져야 하는데, 신도시는 비교적 잘 갖춰져 있으나 원도심은 상대적으로 취약합니다. 교육도 지역 간의 격차가 큽니다. 이런 격차를 어떻게 풀어야 할지도 고민입니다.

경기도 인구는 1400만 명에 달합니다. 유럽의 웬만한 국가보다 인구가 많습니다. 그런 만큼 경기도의 경쟁력과 비전을 어디에서 찾아야 할

지가 중요합니다. 저는 경기도의 현안 해결과 미래 비전은 결국 '사람의 삶'이라는 관점에서 접근해야 한다고 봅니다만, 경기도에서 도의회 의장과 연정부지사로 있을 때나 국회의원이 된 지금이나 그 거대한 담론을 어떻게 소화해야 할지 고민입니다.

● ● ●

2024년의 22대 총선에 재선 도전을 하시는지요?

이번에 마지막 국감을 마치고 집에 돌아가 그동안을 되돌아보고 이런저런 생각을 많이 했습니다. 반성하게 되더군요. 앞으로 공적인 삶, 정치인으로 사는 삶을 어떻게 펼칠 것인지 성찰하는 시간도 가졌습니다.

저는 제게 주어진 시대적 역할이나 소임을 늘 생각합니다. 기회가 주어진다면, 다시 불러준다면 좀 더 성과를 내겠다는 각오입니다.

교육 불평등과 차별

제2부에서는 교육을 통해 우리의 현실을 있는 그대로 드러내고자 합니다. 여기에 수록한 기자회견문이나 보도자료 등의 내용은 모두 제가 교육위원회 활동을 통해 수집한 것들로, 지금 우리나라에서 일어나고 있는 일입니다. 불편하고 받아들이고 싶지 않은 것이 많기는 합니다. 하지만 현실을 정확히 알고 문제를 진단하지 않으면 대안을 마련할 수도, 우리 사회가 발전할 수도 없을 것입니다.

사실 구체적으로까지는 아니지만, 여기에 나와 있는 일을 모르는 국민은 많지 않을 것입니다. 부모의 배경이 사회적 격차를 낳는다는 것을 모르는 사람이 있을까요? 집안이 부유하고 부모 학력이 높다는 것이 공부에 얼마나 유리한지 누가 모르겠습니까. 부잣집 아이가 공부를 더 잘할 확률이 높고, 실제 입시 결과도 그렇습니다. 그렇지만 실제로 어떠한지 정치인은 정확히 알아야 하고 또 국민께 알려야 합니다.

학교폭력의 가장 큰 원인의 하나도 불평등과 차별에 있습니다. 우리가 학교폭력에 반대하고 분노하는 것은, 성장기에 아이들끼리 싸울 수도 있고 다칠 수도 있다는 것을 몰라서가 아니라 부모의 부, 지위, 권력이 그 싸움에 개입하기 때문입니다.

교육이 '기울어진 운동장'에서 벌어지는 운동회가 되고, 교육을 통해 부모의 부·지위·권력이 세습되면 어떤 일이 벌어지겠습니까? '여는 글'에서 이미 말씀드린 바 있듯 민주주의가 위기에 처합니다. 동시에 경제 발전에도 방해가 됩니다. 불평등이 경제발전을 가로막는다는 것은 경제문제에서 보수적인 기조를 견지해 온 OECD(2014, 2015)와 IMF(2014)의 보고서에서도 확인할 수 있습니다.

얼마 전 청년들 사이에서 유행한 말이 있었습니다. "하면 된다? 되면 할게." 이 말 속에는 노력해도 되지 않는 현실에 대한 회의와 조소, 원망이 담겨 있습니다. 교육이 일종의 골품을 낳고, 그 골품을 통해 유리한 사회적 지위나 부에 접근할 가능성의 한계가 정해진다면, 더구나 그런 현상이 지속된다면 어떻게 되겠습니까? 민주주의도, 경제 발전도 없습니다. 우리 삶의 공동체 자체가 와해할 수 있습니다.

교권의 붕괴도 안타깝습니다. 서이초등학교의 젊디젊은 교사가 유명을 달리했습니다. 아직 수사가 끝난 상황이 아니어서 조심스럽습니다만, 악성 민원에 시달린 끝에 극단적 선택을 한 것으로 보입니다. 이 일은 2023년 7월 18일에 발생했는데, 이후 52일 동안 서울·전북·경기·대전·청주 등에서 잇단 비보가 전해졌습니다. 불과 한 달 반 남짓한 기간에 여섯 분의 선생님이 돌아가셨습니다. 충격이 아닐 수 없습니다.

교육영역에서 소수자인 직업계고 학생에게는 말 그대로 직업을 줘야 합니다. 학교 밖 청소년들에게도 특별한 배려가 있어야 합니다. 결식아동들이 없도록 무상급식제도를 도입했지만 제대로 된 식사를 하는지 여전히 의문입니다. 학자금 대출을 받아 대학을 졸업한 청년들은 사회생활을 빚 갚는 것으로 시작해야 합니다. 아이들에게 맛있고 건강한 급식을 만들어 주는 학교 급식노동자는 건강에 적신호가 켜졌습니다.

1. 부모 배경과 격차

유아 사교육이 교육 전쟁의 시작

우리나라에서 교육은 내 아이가 장차 돈 잘 벌고 안정된 삶을 사는데 필요한 조건으로 인식된 학벌을 획득하기 위한 전쟁터가 됐습니다. 사교육을 시작하는 나이는 점점 낮아집니다. 출산율은 낮아지는데 유아 사교육시장은 오히려 커지고, 고액화합니다. 사교육은 '요람에서 대입까지' 이어집니다. 물론, 대학 입학 이후에도 편입이나 취업을 위한 사교육이 광범위하게 이루어집니다.

언론보도

유아 대상 영어 학원의 교습비가 갈수록 늘어 월평균 124만 원

2023. 10. 12. | 조선일보

영어유치원 月평균 124만원

저출생 부추기는 사교육 열풍
'7세 고시'라는 말까지 나와

영어유치원 비용이 월평균 124만원에 이르는 것으로 나타났다. 사교육비 부담은 저출생의 주요 원인으로 꼽힌다.

11일 교육부가 국회 교육위원회 소속 강득구 더불어민주당 의원실에 제출한 자료에 따르면 유아 대상 영어 학원의 월평균 교습비는 2021년 107만원, 2022년 115만4000원에서 지난 6월 기준 123만 9000원으로 매년 상승하고 있다. 월평균 교습비가 가장 높은 지역은 세종으로,

170만3000원으로 집계됐다. 이어 충남(145만9000원), 서울(144만1000원), 인천(142만6000원) 순이었다. 이는 하루 4시간 이상, 주 5회 수업을 하는 학원을 기준으로 한 비용이다. 교습비에 포함되지 않은 급식비와 차량비 등을 포함하면 실제 부모가 부담하는 비용은 더 클 것으로 보인다.

지난 6월 기준 전국 유아 대상 영어 학원 수는 총 840곳으로 2018년(562곳)의 약 1.5배 수준이다.

사교육 열풍을 타고 유아 대상 영어 학원 수가 꾸준히 늘면서 서울 강남권에서는 영어 유치원 졸업 후 유명 초등 영어

학원에 아이를 보내기 위한 '레벨 테스트' 경쟁도 치열하다. 이른바 '빅5' '빅10'으로 꼽히는 초등생용 유명 영어 학원의 예비 초등 1학년 레벨 테스트 난도는 갈수록 높아져 '7세 고시'라는 말까지 나온다.

조유미 기자

(17.2×9.0)cm

영재학교, 사교육 조장·유발

이제 '개천에서 용 난다'는 건 옛말입니다. 과거에도 가난한 집안에서 세칭 명문대에 진학하거나 자수성가하기란 쉬운 일이 아니었습니다. 그렇지만 지금은 더 어렵습니다. 느낌이 아니라 실제로 그러함이 드러났습니다.

저의 2020국정감사 보도자료 제1호와 제2호는 '영재학교 신입생 중 비수도권 출신은 28%에 불과하며, 영재학교 입학생 중 54%가 3대 프랜차이즈 학원에 다녔다'라는 사실을 밝힌 것입니다.

영재학교 출신자의 의약학 계열 진학실태도 알아냈습니다. 영재학교 출신자의 의약학 계열 진학은 증가 추세입니다. 이는 영재학교 설립의 본래 취지와 맞지 않습니다. 게다가 영재학교의 의약학 계열 진학자 3명 중 1명은 강남 3구 출신입니다.

영재가 특정 지역에서만 태어날 리는 없습니다. 그런데도 영재학교 신입생의 출신 지역이 수도권에 편중된다는 것은 영재가 만들어진 것, 즉 우수한 사교육의 산물임을 증명합니다. 아울러 특정 프랜차이즈 학원 출신자가 대거 합격한 것은 영재학교가 사교육을 조장·유발한다는 사실을 알려줍니다.

나아가 최근 선호도가 가장 높은 의약학 계열 진학자의 비중은 강남 3구 출신이 1/3을 넘어서는데(38%), 여기에 사교육이 발달한 양천·노원 출신을 합하면 거의 절반(49.3%)에 육박합니다. 수도권 내에서도 다시 강남 중심의 지역편중을 나타내고 있습니다. 아울러 강남 3구 이외에 양천·노원 출신자의 비중이 높은 것은, 이 두 지역이 학원 밀집 지역임을 고려할 때, 사교육이 지니는 효과를 보여준다고 하겠습니다.

국가의 영재 양성 시스템이 본래의 취지에서 벗어나 그 혜택을 특정 지역, 특권 계층이 독식하도록 하고, 불평등 현상으로 이어지게 만드는 것은 국가 균형발전이나 사회적인 화합 측면에서 심각한 문제를 일으킬 수 있습니다. 교육제도의 불공정과 특권이 대물림됨에 따라 교육 불평등이 심해지는 것에 국민이 느끼는 박탈감이 매우 큰 상황입니다. 따라서 부모의 경제적·지역적 배경으로 불평등이 대물림되는 영재학교의 입학전형 문제는 반드시 개선돼야 합니다. 이뿐만 아니라 사교육을 통해 만들어진 영재가 아니라 '재능이 뛰어난 사람으로서 타고난 잠재력을 계발하기 위해 특별한 교육을 실시(영재교육 진흥법 제2조 1항)'해야 할 대상으로 개선이 필요합니다.(2021 국정감사 정책자료집 중)

내년 영재학교 입학생 70%가 수도권 출신
중학생 수도권 비중이 49%인데 합격생 비율은 훨씬 높아

2023. 10. 06. | 한겨레

2024학년도 영재학교 합격 70%가 수도권 출신

총 820명 중 서울 중학생이 276명
전국단위 선발에 쏠림현상 심화

2024학년도 영재학교에 입학하기로 한 합격자의 70%가량이 수도권 중학교 출신인 것으로 나타났다. 영재로서 잠재력을 발굴해 국가 인재로 양성될 기회마저 수도권에 쏠려 있다는 지적이 나온다.

한겨레가 5일 국회 교육위원회 소속 강득구 더불어민주당 의원으로부터 받은 '2024학년도 영재학교 합격자의 출신 중학교' 자료를 보면, 내년 전국 영재학교에 진학이 예정된 전체 합격생 820명 가운데 563명(68.7%)이 서울·경기·인천 등 수도권 소재 중학교 재학생인 것으로 드러났다. 합격자 가운데는 서울 소재 중학교에 다니는 학생이 276명으로 가장 많았고 경기가 233명, 인천이 54명으로 뒤를 이었다. 2023년 기준 전국 중학생 132만6800여명 중 49%가량이 수도권에 몰렸다는 점을 고려하더라도, 수도권 출신 영재학교 합격생의 쏠림 정도가 20%포인트가량 많은 수치다. 영재학교는 과학고·영재교육원·영재학급과 함께 대표적인 영재교육 기관의 하나로, 재능이 뛰어난 사람을 조기에 발굴해 능력과 소질에 따른 교육을 실시하고 국가 인재를 양성한다는 취지의 영재교육진흥법에 근거를 둔다. 이런 목적에 맞춰 일반 학교와 달리 초·중등교육법을 적용받지 않고 교육과정 또한 학교마다 자유롭게 짤 수 있다.

현재 국내 영재학교는 한국과학영재학교·서울과학고·경기과학고·대구과학고·광주과학고·대전과학고·세종과학예술영재학교·인천과학예술영재학교 등 전국에 8곳 있다. 이들 학교가 전국에 두루 나뉘어 있지만, 학생 선발을 전국 단위로 하기 때문에 비수도권 지역에 있는 영재학교에도 수도권 학생이 몰릴 수 있는 환경이 된다. 강득구 의원은 "영재학교 입학에 대한 극심한 수도권 쏠림 현상은 영재학교 설립 취지 자체를 무색하게 한다"며 "영재학교 입학생이 특정 지역에 쏠리지 않고, 지역 영재를 육성할 수 있도록 영재학교 정상화를 위한 교육당국의 대책 마련이 시급하다"고 강조했다.

김민제 기자 summer@hani.co.kr

(13.1•13.4)cm

교육 불평등 시대 우리 아이들

'개천에서 용 나는 시대'가 끝났다고 한다. 이 말도 꽤 오래전 쓴 것이라 지금은 이미 완전히 달라진 새로운 시대라 해도 과언이 아니다. 그렇다면 우리가 사는 시대를 교육적으로 어떤 시대라고 정의할 수 있을까? 최근 들어 가장 회자하는 말이 '교육 불평등 시대'이다.

코로나19로 '교육 격차'라는 말이 등장했고, 기존의 '교육 양극화'라는 말과 함께 '교육 손실', '교육 공백'이라는 말도 널리 전해졌다. 모두 우리 아이들의 교육 불평등과 맞닿아 있는 말이다. 코로나19는 교육 기회·교육 여건·교육 활동·교육 성취 측면에서 부자와 빈자, 도시와 농촌, 앞선 세대와 후세대 사이를 극명하게 벌려 놓았다. 코로나19에 따른 3년간의 교육 격차가 우리 아이들을 어둠과 고통 속에 빠뜨렸는데, 이 가운데 두 사건은 국민과 학부모에게 충격을 주었다.

2020년 6월과 9월, 창녕에서 심하게 학대받은 아홉 살 'A양 사건'이 있었다. 이 사건은 4층 빌라의 테라스에 갇혀 있던 A양이 난간을 타고 옆집으로 탈출해 빠져나오게 되면서 세상에 알려졌다.

학대는 끔찍했다. A양의 부모는 쇠젓가락을 달구어 A양의 발바닥을 지졌고, 프라이팬으로 손가락에 화상을 입혔다. 쇠막대와 빨래건조대로 폭행도 가했다. 심지어 글루건을 발등에 쏘기도 했다. 욕조에 머리를 박는 일은 흔하게 했다. A양은 탈출하기 이틀 전부터 쇠사슬에 목이 묶인 채 테라스에 감금돼 있었다.

탈출 당시 A양은 잠옷 차림에 맨발이었고, 집 밖 도로변에서 이웃 주민이 발견해 경찰에 신고했다.

또 하나의 사건은 2021년 9월 14일 오전 11시 43분에 일어난 '인천 라면형제 사건'이다. 12살 B군과 8살 C군 형제가 사는 집에서 일어난 화재 사건인데, 인천 미추홀구의 한 다세대주택에서 살던 이 형제는 7시간 50분간 방치돼 있었다. 라면을 먹다가 집에 불이 났을 때 두 아이의 엄마는 집에 없었고, 그 시간은 코로나19가 아니라면 학교에 있을 시간이었다. C군은 치료 도중 사망했고, B군은 전신 40% 화상을 입었다.

아이들에게 교육 불평등이 얼마나 큰 피해를 안겼을까? 2020년 9월, 코로나19가 1년이 채 되지 않았을 때 OECD는 교육 공백에 따른 손해를 경제적 비용으로 환산해 발표했다. 이때 코로나19로 빚어진 학습 결손으로 전 세계 국가의 국내총생산(GDP)이 평균 1.5% 낮아질 것으로 예측했다. 우리나라는 GDP 1% 하락 시 근로빈곤층이 7~8만 명, 신용불량자가 22만 명씩 증가한다고 보았다. 또, 1년 중 3분의 2가 학습 결손 시 손해액이 3조 달러, 우리 돈으로 약 3337조 7천억 원에 이를 것으로 분석했다. 2022년 우리나라 국가예산 규모가 607조인데 실로 엄청난 비용이 아닐 수 없다.

2020년 10월, 미국은 충격적인 결과를 발표했다. 코로나19 이전에 비해 '읽기'는 87%만 배웠고, '수학'은 67%만 배웠다고 보고했다. 학년이 올라갈수록 학습 결손이 심했고, 백인보다 유색인종이 2배 이상 심각한 것으로 나타났다. 이는 가정형편이 어려운 아이들, 즉 '취약계층'에서 보이는 보편적인 현상인데, 이 아이들에게 '코로나 세대', '팬데믹 세대'라는 달갑잖은 명칭까지 붙였다.

이에 앞서 코로나19로 학교 문을 걸어 잠그고 방역에만 집중했던 우리나라는 2020년 6월 학업성취도 평가 결과를 발표했다. 충격이었다. 상위그룹으로 봐도 '보통 학력' 이상 비율이 중학교 국어·영어, 고등학교 국어에서 모두 감소했다. 중3은 전년도(2019년)에는 보통 학력 이상 비율이 국어 82.9%, 영어 72.6%였으나 75.4%, 63.9%로 각각 7.5%포인트, 8.7%포인트 하락했다. 고등학교 국어도 같은 기간 77.5%에서 69.8%로 7.7%포인트 낮아졌다. 이 평가는 코로나19 상황이 한창이던 지난해 11월 전체 중3·고2 학생(77만 1563명)의 약 3%인 2만 1179명을 대상으로 진행했다.

기초학력은 중학교 수학을 제외한 모든 과목에서 전년보다 미달 비율이 높았다. 중3 국어가 전년 4.1%에서 6.4%로, 영어는 3.3%에서 7.1%로 각각 2.3%p, 3.8%p 미달률이 높아졌다. 특히, 고등학교 국어·수학·영어에서 모두 기초학력 미달 비율이 증가했다. 국어 4.0%에서 6.8%, 수학 9.0%에서 13.5%, 영어 3.6%에서 8.6% 각각 미달률이 상승했다. 수학은 고3, 중3 모두 기초학력 미달 비중이 10%가 넘어 10명 중 1명이 '수포자(수학 포기자)'가 됐다는 것을 나타낸다.

학교생활의 행복도 전년도와 비교해 중학교 4.9%p, 고등학교

3.5%p 감소했다. 학생의 만족도·적응도 등을 나타내는 학교생활 행복도는 2013년 이후 꾸준히 증가, 매년 60% 안팎의 결과를 나타냈으나 코로나19 상황이 계속되던 작년에는 행복도가 중학교 59.5%, 고교 61.2%로 하락했다.

코로나19에 따른 교육 불평등과 '코로나 세대'의 출현으로 '코로나 19 교육결손 세대'라는 새로운 용어도 생길 듯하다. 이제 방역을 완화하고 전면 등교가 일상이 됐으나 이전을 돌아보고 책임 있게 대책을 세워야 한다. 원격수업으로 공부해야 하는 학생의 학습 기회를 계획적이고 효과적으로 유도하지 못한 점도 코로나19를 책임져야 할 기성세대의 몫임을 잊어서는 안 된다.

2020년, 한 연구가 주목을 받았다. '학습 부진 학생은 어떻게 성장하는가?'를 주제로 4년 동안 50명의 초등학교와 중학교 학습 부진 학생을 추적한 종단연구였다. 결론은 이랬다. 어려운 학습 부진 학생을 위해 우선 재빠르게 상태를 진단하고 원인을 찾아낸 다음, 교사와 학생 사이에 신뢰를 쌓고, 학생 개개인에게 지속해서 학습 기회를 제공해야 한다는 것이다. 학습관리 방법 숙지, 세분한 학습자료 제공, 성공 경험 축적이 중요하다. 특히, 어려움을 겪는 학생도 학습에 몰입하는 경험, 즉 '잉크 떨어뜨리기'가 꼭 필요하다.

재난은 가난한 사람에게 더 가혹하다고 한다. 재난은 모두에게 힘들고, 그래서 모두가 서로를 끌어안아야 한다. 하지만 현실은 그렇지 않다.

재난은 집단에 따라 끼치는 영향이 매우 다르다. 따라서 집단마다 대응하는 방법도 차이가 난다. 그래서 재난은 각기 다른 방향으로 집단을 끌고 간다. '부자는 재난을 이용하지만, 가난한 사람은 그렇게 못한다'는 《재난 불평등》의 저자 머터(John C. Mutter)가 이러한 점을 신랄하게 비판한 바 있다.

그러나 교육 불평등을 안타까워하기만 할 수는 없다. 학교, 지역사회, 중앙정부 등 누구든 팔을 걷어붙이고 할 수 있는 일을 해야 한다. 어려운 학생에게 성장할 수 있는 토대를 마련해 주고 지원하는 것이야말로 교육 불평등을 완화·해소하는 일이다. 더불어 미래의 대한민국이 감당하기 어려울 기회비용을 미리 막는 선투자이자 공교육의 할 일이기도 하다.

(2023. 6. 16. 뉴스1)

상위대학일수록 고소득층 자녀 많아

이제 개천에서는 용이 날 수 없습니다. 그래서 '개천에서 용쓰며 산다'는 말이 생긴 듯합니다. 공감하지 않을 수 없습니다. 부모의 경제력 격차가 대학 서열체계와 결합한 교육 불평등으로 이어지는 것이 우리의 슬픈 자화상입니다. 실제 통계로도 드러납니다.

한국장학재단으로부터 '2020년 대학별 국가장학금 신청자 현황' 자료를 받아 분석한 결과는 놀라웠습니다. 서울대는 국가장학금 신청자 중 고소득층 자녀 비율이 62.6%로 저소득층 자녀 비율(18.5%)보다 약 3.4배 높았습니다. 서울대·고려대·연세대, 소위 SKY로 불리는 3개 대학의 평균 고소득층 자녀 비율은 56.6%로 저소득층 자녀(21.5%)보다 2.6배였습니다. 서울 15개 대학으로 보면 고소득층 자녀 비율이 51.2%로 저소득층 자녀(23.9%)보다 2.1배인 것으로 나타났습니다. 4년제 대학교 전체로는 고소득층 자녀 비율이 39.5%, 저소득층자녀 30.1%, 중위소득계층 자녀 27.3% 순으로 나타나 서열 상위대학과 비교해 그 격차가 상대적으로 크지 않다는 것을 알 수 있습니다.

이 결과는 고소득층 자녀에게 대학 교육의 기회가 더 많이 주어진다는 것을 말합니다. 즉, 서열이 높은 것으로 대다수가 인정하는 대학일수록 고소득층 자녀 비율이 높다는 것으로, 대학 교육의 격차 심화 현실을 보여주는 것입니다. 이러한 현실을 개선하려면 교육 불평등 해소를 위한 법 개정과 제도개선이 시급한데, 가령 '사회배려대상자 선발

계층 이동 사다리가 열려 있는 희망있는 사회를 위해

2021. 02. 09. | 한겨레

인터뷰 | 교육불평등 해소법안 발의 강득구 의원

"한국 사회에 희망을 만들어야 합니다. 아무리 노력해도 희망이 없는 사회가 되면 안 되지 않습니까. 노력한 만큼 보람이 있는 사회가 돼야 합니다. 교육이 사회 모순과 불평등을 해소하는 중심은 될 수 없다고 하더라도 교육 불평등을 해소하면 우리 사회에 희망을 만드는 계기가 될 것이라고 생각합니다."

지난달 22일 '교육불평등 해소 법안'을 대표발의한 강득구 의원(더불어민주당)의 말이다.

"교육이 계층 이동의 사다리 역할을 하기보다 오히려 부모의 부를 자녀에게 대물림하는 촉매제가 돼 우리 사회의 소득 불평등을 심화·고착시키고 있다는 의견이 많습니다. 대학 입시가 개인의 노력보다는 부모의 경제적 소득 등 외부적인 요인에 많은 영향을 받을 수 있다는 점은 우리 사회의 공정성에 대한 의구심을 갖게 만들고 있습니다."

법안의 주요 내용을 보면 △교육부가 교육불평등을 해소하기 위한 기본계획을 5년마다 수립하도록 하고 △관계 중앙행정기관은 기본계획에 따라 소관 분야에 대한 연도별 교육불평등 해소 시행계획을 수립·시행하며 △교육부는 교육불평등 지표 및 지수를 개발해 공개하고 △이를 위한 실태조사를 할 수 있게 하는 등 교육불평등 해소를 국가의 책무로 규정하고 있다.

전면적인 실태조사 자료는 없지만, 우리 사회 교육불평등을 엿볼 수 있는 현상은 넘친다. 강 의원과 '사교육걱정없는세상'이 한국장학재단으로부터 '2020년 대학별 국가장학금 신청자 현황' 자료를 받아 분석한 결과, 4년제 대학 재학생은 고소득층 비율이 39.5%, 저소득층이 30.1%로 나타났다. 그러나 서울 15개 대

학으로 좁히면 고소득층 비율이 51.2%로 저소득층(23.9%)보다 2.1배 높았으며, 범위를 서울대·고려대·연세대로 한정하면 고소득층 비율이 56.6%로 저소득층(21.5%)보다 2.6배 높은 것으로 집계됐다. 서울대는 그 비율이 각각 62.6%와 18.5%로 3.4배 차이가 났다.

소득에 따른 이런 격차는, 고등학교부터 나타난다. 사교육걱정없는세상의 분석 결과, 영재학교-과학고-국제고-외고-자사고-일반고로 서열화되어 있는 고교 입학도 수도권, 특히 학원 밀집 시·구 쏠림 현상을 보이는 것으로 나타났다.

지난해 서울대 신입생의 출신 고교 유형별로는, 일반고가 49.9%, 자율고 19.5%, 외국어고 10.1%, 영재학교는 8.3%의 비율을 보였다. 그러나 고교 유형별 학생 수 대비 서울대 신입생 비율은 영재학교 38.5%, 과학고 7.5%, 외고·국제고 5.0%, 자율고 1.5%, 일반고는 0.3%인 것으로 나타났다.

그런데 전국 8개 영재학교 입학자의 출신 중학교를 분석한 결과, 서울과 경기 지역 출신이 전체(828명)의 68.5%(567명)를 차지했

서울대생 고·저소득층 62.6% 대 18.5%
영재학교 신입생도 수도권 상위 10곳
시·구 출신 비율이 43.6% 차지

"교육불평등 해소하면 우리 사회에
희망 만드는 계기가 될 것이라 생각"

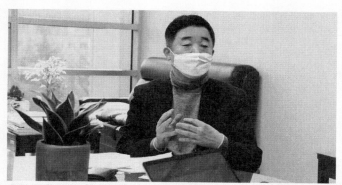

강득구 의원이 지난 3일 서울 여의도 국회 의원회관에서 교육불평등 해소 법안 등에 대해 설명하고 있다.
강득구 의원실 제공

으며, 특히 수도권 상위 10개 시·구 입학생이 43.6%(361명)를 차지했다. 상위 10개 시·구는 서울 강남·양천·노원·서초·송파구, 경기의 성남·고양·용인·안양·수원시로, 대표적인 학원 밀집지역이다.

9개 전국 단위 자사고도 전체 입학생 2418명 중 53.9%인 1304명이 서울·경기·인천 출신이었으며, 특히 외고 입학생의 90.3%, 민사고 79.7%, 상산고 59.4%가 서울·경기 출신이었다.

그리고 2019년 신경민 의원과 사교육걱정없는세상이 실시한 희망고교 유형별 사교육 실태 조사 결과에 따르면 전국 단위 자사고를 희망하는 학생의 69%가 월평균 100만원 이상의 고액 사교육비를 지출했다.

"법안은 교육불평등 해소에 대한 국가의 역할을 분명히 하는 선언적 의미가 큽니다. 법안이 통과되면, 실태조사 등을 통한 구체적 데이터를 바탕으로 구체적 정책을 만들어가야 합니다."

초선인 강 의원은 이 법 외에도 기초학력 보장법안과 학교밖 청소년 보호·지원을 위한 법안, 중도중복장애 학생의 건강권을 위한 학교보건법 일부개정법률안 등을 발의하는 등 사회적 약자에 대한 교육 문제에 관심과 노력을 기울여왔다.

그의 아버지는 공장 노동자였다. 중학교 때 신문배달을 했다는 그는 고등학교를 자퇴했다.

"중학교 때 안양 5개 학교 간부급 학생들이 협의회를 만들려는 움직임이 있었는데 그 대표로 제가 거론되면서 경찰서 정보과가 알게 되고, 당시 한 선생님에게 한달 반 동안 매일 심문을 받게 됐어요. 그런데 같은 재단 소속 고등학교로 진학하면서 그 선생님도 옮겨오게 돼 그 선생님 수업을 앞두고는 전날부터 가슴이 뛰고 견디기가 힘들더라고요. 결국 이런저런 이유로 학교를 그만두게 됐죠. 그런 경험을 통해서 교사들이 노동자인 건 맞지만 한국 사회에서는 노동자 플러스 알파이고, 그 알파가 사람을 나락으로 빠뜨릴 수도, 구원할 수도 있다는 사실을 깨닫게 됐죠.”

그래서 그는 1998년 35살의 나이로 경기도의원에 당선됐을 때부터 세차례 도의원을 지내면서 줄곧 문교위원을 지원했다고 한다. 국회의원이 된 뒤 인기가 없는 교육위원을 자원한 이유도 마찬가지다.

“30년대 미국에서 고교 무상교육을 처음 실시한 것이 미국의 부흥을 만드는 초석이 됐다고 봅니다. 조 바이든 미국 대통령이 경제력이 낮은 지역의 교육예산을 2배 증액하겠다고 공약한 것도 마찬가지 이유입니다. 미국 공화당이 격차를 묵인하거나 방조한 데 비해 민주당은 불평등에 대한 고민을 많이 하고 있는 거죠. 한국 사회에서는 불평등이 훨씬 더 심해지고 있습니다. 특히 코로나 이후 교육불평등은 더 심각해지고 있습니다. 저는 진보나 보수의 문제가 아니라, 이 부분을 고민하지 않으면 대한민국의 미래는 희망이 없다고 생각합니다.”

많은 이들이 고민해온 문제인데, 과연 어떻게 실마리를 풀어야 할까? 물어봤다.

“교육불평등은 사회경제적 요인들이 연결돼 있어, 냉정하게 보면 단박에 풀 수 있는 문제가 아니고 교육 외적인 정책들이 함께 가야 합니다. 우선 대학 서열화 체제가 깨지지 않으면 교육불평등 해소가 힘들고, 대학 입시제도가 서열화를 만드는 큰 요인입니다. 여기에 대해 근본적인 대책을 세워야 합니다. 거대담론을 포함해 구체적인 부분까지 사회적 논의가 필요합니다. 내년에 대선이 있는데, 이것이 주요 의제가 됐으면 하는 바람입니다. 계층이동 사다리가 열려 있는, 희망이 있는 사회로 가는 게 제 바람이고, 제가 정치하는 이유입니다.”

김인현 객원기자 inhyeon01@gmail.com

(33.3×21.0)cm

10% 이상 의무화' 등을 통해 사회배려 대상자 선발을 확대하는 방안도 검토할 수 있을 것입니다.

2020~2023 서울대·연세대·고려대 정시모집 합격자 분석 결과 발표

서울·경기 출신 71.6%, 수도권 쏠림현상은 더 심각!

N수생은 61.2%로 초강세! 4년간 지방의 고3 합격자는 7.9%!

정시 40% 선발 폐지하고, 2028학년도 수능 전면 개편 촉구한다!

안녕하십니까? 국회 교육위원회 소속 경기 안양 만안 국회의원 강득구입니다. 저는 오늘 '교육랩공공장'과 함께 '2022~2023학년도 정시모집 서울대·고려대·연세대 신입생 선발 결과'를 발표하고자 이 자리에 섰습니다.

먼저 함께 해주신 분 소개하겠습니다. 윤종호 교육랩공공장 대입백서팀 연구위원님, 노종은 유튜브팀 연구팀장님 오셨습니다.

저와 교육랩공공장은 2023년 3월 22일, '전국 의대 정시모집 합격자' 자료를 분석해 발표한 바 있습니다. 오늘 발표는 정부의 공식 자료를 바탕으로 수능 최상위 집단을 선발하는 서울대·연세대·고려대 정시모집 합격자를 분석한 첫 사례입니다. 최상위권 학생이 선호하는 서울대·연세대·고려대의 정시합격자 분석을 통해 현 수능 체제의 공정성을 살펴보고, 지금 정부가 추진 중인 새로운 수능 체제가 더 공정한 수능이 되도록 국민 여러분과 함께 만들어 가고자 합니다.

분석 결과를 말씀드리겠습니다. 2020학년도부터 2023학년도까지 서울대·연세대·고려대 정시모집 합격자 분석에서 가장 분명한 결과는 '수도권 쏠림 현상'입니다. 결과적으로 모든 해에 걸쳐 서울 소재 고등학교 출신 학생이 압도적으로 많았습니다.

4년 동안 6657명의 학생이 정시모집으로 서울대·연세대·고려대에 진학했습니다. 이들 대학교의 정시모집 비중이 평균 42.1%를 차지합니다. 서울대가 1879명으로 46.3%, 연세대 2767명 44.1%, 고려대 2011명 36.7%입니다.

지역별로 비교해도 서울시와 경기도가 압도적입니다. 서울 42.1%에 이어 경기 출신이 전체의 29.5%인 4663명을 차지합니다. 서울과 경기를 합하면 71.6%나 됩니다. 다른 지역은 대구(657명, 4.2%)를 제외하고는 전부 4% 미만입니다. 부산 566명(3.6%), 전북 474명(3.0%), 충남 346명(2.2%), 광주 337명(2.1%), 인천 336명(2.1%), 경남 332

명(2.1%), 대전 319명(2.0%), 경북 275명(1.7%), 울산 199명(1.3%), 강원 179명(1.1%), 전남 158명(1.0%), 충북 147명(0.9%), 제주 91명(0.6%), 세종 65명(0.4%) 순입니다.

지역마다 학생 수가 다르다는 것을 고려하더라도 서울이 지방의 광역시와 도(경기도 제외)보다 10배 이상이나 합격, 수치 차이가 너무 커 놀랍습니다. 2022년 4월 1일 기준 '교육통계서비스'를 보면 전국의 고등학생은 126만 2348명입니다. 이 중 서울이 16.4%(20만 7388

명), 경기도가 27.0%(34만 895명)를 차지합니다. 각 지역 고등학생 비율과 비교하면 3개 대학의 정시모집 합격자가 서울이 2.6배, 경기가 1.1배가 더 많습니다. 대구의 고등학생 수는 4.7%(5만 9 373명)인데 3개 대학에 4.2%가 합격했으므로 학생 수 대비 3개 대학 합격률은 낮은 셈입니다. 부산은 학생 수 5.6%(7만 161명)에 3개 대학 합격률 3.6%입니다. 그러니까 학생 수 비율보다 합격률이 높은 지역은 서울과 경기뿐입니다. 그나마 경기의 1.1배와 비교해 서울은 2.6배나 돼 사실상 서울 지역 고등학생이 3개 대학 정시모집 합격을 압도합니다.

지금 밝힌 것처럼 이 자료는 수능이 수도권과 비수도권의 격차를 크게 한다는 항간의 소문이 사실이라는 것을 확인해 줍니다. 심지어 의대·치대·한의대 합격 비율도 서울과 경기 지역의 서울대·연세대·고려대 합격 비율이 다른 지역들보다 높습니다.

최근 4년 동안, 서울대·연세대·고려대 정시모집 선발 자료를 분석한 결과, 정시모집은 고3 재학생이 아니라 N수생이 압도적 다수를 차지했습니다. 서울대·연세대·고려대 정시모집에 합격한 학생 중 N수생은 61.2%입니다. 이에 비해 고3 재학생은 36.0%에 불과하니다. 2016~2018학년도에는 N수생 비율이 약 53.7%였는데, 이번에 약 7.5%p가 늘어난 것입니다. N수생 중에서 3수생 이상이 19.9% 입니다. 좋은 학벌을 위해 오랜 기간 수능에 다시 도전하는 현상이 여전함을 확인해 주는 수치입니다. 학교 교육에 의존하는 고3 재학생과 달리 졸업생은 수능에 유리한 과목만 사교육으로 대비하니 이런 차이가 발생하는 것입니다. 인원은 N수생이 고3 재학생보다 1.7배 많습니다. 수도권은 약 1.5배, 지방은 약 2.3배입니다.

더 놀랄 만한 자료가 있습니다. 서울, 경기, 인천을 제외한 지방의 고3 재학생은 최근 4년 동안 서울대·연세대·고려대에 7.9%밖에 진학하지 못했다는 것입니다. 연세대는 6.9%, 서울대는 7.9%, 고려대는 9%입니다.

수능에 재도전하려면 적지 않은 비용을 감당할 수 있어야 합니다. 경제력이 상대적으로 풍부한 수도권이 유리할 수밖에 없습니다. 수도권의 N수생 비율이 높은 것도 그런 이유입니다.

사교육의 문을 두드리는 것은 좀 더 원하는 대학으로 가기 위해서입니다. 여러 가지 불편함과 어려움이 있는데도 지방의 졸업생이 수도권에서 사교육을 받는 것도 그래서입니다. 삼류보다는 이류, 이류보다는 일류 대학에 가야 한다는 줄 세우기식의 교육이 사교육을 방조했고, 부모에 의한 교육 격차도 방치했습니다. 수능이 결코 대안이 아닌데도 공정의 신화라는 늪에 빠져 있었던 것입니다.

오늘 정시모집 합격자 수치를 통해 수능이 수도권 학생과 N수생에게 유리하다는 것을 확인할 수 있었습니다. 수능은 N수생만을 위한 시험이 아닙니다. 수도권 학생만을 위한 시험도 아닙니다. 이제 상대평가를 절대평가로 바꿔야 합니다.

문항 유형도 학교 교육으로 충분할 수 있도록 교육과정과 수능 일체화가 필요합니다. 수능 점수만으로 대학 입시가 결정되지 않도록 새로운 정시모집도 만들어야 합니다. 그래야 지방의 일반고와 일반고 재학생에게 공정한 기회가 생깁니다.

정부는 수능으로 선발하는 정시모집이 과연 공정한지, 서울 16개 대학에 정시 40% 선발을 요구하는 정책이 타당한지 다시 검토해야 합니다. 지역 간 격차, 부모 경제력에 의한 격차를 방치하면 미래 사회를 위한 교육개혁을 제대로 추진할 수 없다는 교육 현장의 우려를 심각하게 받아들여야 합니다.

수능으로 줄 세우는 시스템은 학생의 다양성과 잠재력을 무시합니다. 공정하지 않다는 지적도 끊이지 않을 것입니다. 수능 위주 정시모집은 학교 교육의 질을 높이는 데도 방해가 됩니다.

현 정부가 추진하는 대입 미세조정 등의 개혁안은 암울한 미래를 지속하는 하수 중의 하수입니다. 이제 학생의 다양성과 잠재력을 고려하는 새로운 대학 입시 체제를 전면 도입할 것을 정부에 강력히 촉구합니다.

정부의 교육개혁이 우리 아이들의 밥을 빼앗는 결과로 이어져서는 안 됩니다. 2028학년도 대입은 학생 한 명 한 명에게 필요한 맞춤형 학교 교육을 위한 것으로 기본계획은 세워야 할 것입니다. 감사합니다.

(2023.4.27. 국회의원 강득구·교육랩공공장)

2. 대학 교육의 불균형

대학 교육에서 불균형이 심화하고 있습니다. 주로 인문학을 중심으로 폐과가 속출하고 이를 이공계 학과로 대체하는 현상이 계속되고 있습니다. 최근 3년간 인문학 17개 과가 없어졌습니다. 문제는 이 현상이 가속할 것이라는 전망 때문입니다.

더욱이 이공계 학과조차 의대 선호 현상이 뚜렷해지고 있습니다. 서울대를 예로 들면 이공대가 의대 진학을 위해 반수 등을 준비하는 학생들 때문에 정상적인 학과 운영이 어려운 현상이 나타나고 있습니다. 대학 교육이 총체적인 난국에 직면했다고 해도 과언이 아닙니다. 저는 이런 실태를 밝히고 대책 마련을 아래와 같이 촉구했습니다.

서울 소재 대학교에서 인문계열 학과가 사라지고 공학계열 학과가 증가하고 있는 것으로 나타났습니다. 교육부가 제출한 '서울 소재 대학 학과 통폐합 현황'에 따르면 지난 3년간 서울 소재 대학에서 인문·사회계열 17개 학과가 사라지고 공학 계열은 23개 학과가 신설된 것으로 나타났습니다.

특히, 어문 계열 통폐합이 많았습니다. 2021년 삼육대는 중국어학과와 일본어학과를 통합해 항공관광외국어학부를 신설했고, 한국외대는 2020년 지식콘텐츠 전공, 영어통번역학 전공, 영미권통상통번역

전공을 융합인재학부로 통합했습니다.

공학 계열 학과를 신설한 대학도 많습니다. 고려대는 2021년 3개, 중앙대 3개, 한양대 2개, 세종대 2개 학과를 신설했습니다. 삼육대는 인문·사회 계열이었던 경영정보학과와 IT·융합공학과를 통합해 공학계열인 지능정보융합학부를 신설했습니다.

이미 지방의 대학에서는 학과를 없애거나 통폐합함에 따라 전임교원의 수가 줄어 과목 선택 폭과 강의 수준 저하를 우려하는 학생 반발이 여러 차례 있었습니다.

지방뿐만이 아니라 서울 소재의 대학교에서도 인문계열 학과가 줄어드는 것은 대학을 취업률로 평가하는 정량 지표 때문이라는 지적이 있습니다. 실제, 2021년 실시한 '대학기본역량진단'을 보면 3년 전보다 졸업생 취업률 평가 비중이 높아졌습니다.

K-드라마, K-pop 등의 한국문화가 세계적으로 높은 관심을 불러일으킨 이면에는 우리의 인문학이 들어있습니다. 한국 관련 학과가 증가하는 것도 그래서입니다. 이는 대학의 인문학 중시, 인재 육성 풍토가 중요함을 시사하는 것이기도 합니다. 대학이 폐과나 통폐합이 아닌, 인문학 경쟁력을 높일 수 있도록 평가지표를 바꾸고, 예산 지원과 투자를 대폭 확대해야 합니다.

3. 학교폭력과 부모 권력

1차 학생 폭력, 2차 학부모 권력으로 가해 가중
피해 학생의 망가진 삶은 어떻게 보상받나

권력자의 자녀가 학교폭력을 일으키는 사건이 꼬리를 물고 있습니다. 아이들 간의 싸움이라면 부모에게 책임을 물을 수는 없습니다. 그런데 현재의 학폭 양상은 성장 과정에서 있을 수 있는 아이끼리의 싸움 수준이 아닙니다. 잔인한 양상을 보입니다. 아직 어리기 때문에 오히려 더 잔인한 예가 적지 않습니다. 가해가 우발적·일회적으로 일어나는 게 아니라 계획적·지속적이라는 점이 심각합니다. 신체적 피해도 그렇지만 피해 학생의 인격을 무너뜨린다는 점이 더 큰 문제입니다.

이런 상태에서 사회적 보호망은 가동되지 않습니다. 보호망 자체가 미비한 탓도 있습니다. 그런데 가장 가슴 아프게 하는 것은 그 보호망마저 부모의 힘으로 무력화시키는 것입니다. 부모의 힘을 잘 아는 가해 학생일수록 피해 학생을 깔보고 폭력을 행사하는 경향을 보입니다. 또한 상대적으로 부모 힘이 약한 피해 학생이라면 더 참담한 상황으로 내몰립니다. 신체를 넘어 내면에 씻을 수 없는 깊은 상처가 됩니다. 사회에 대한 불신과 공포도 안게 됩니다.

학교폭력 발생을 없애거나 최소화하는 일을 정책의 우선순위로 두어야 합니다. 나아가 차제에 부모가 부와 권력을 지녔더라도 학폭은 용

납되지 않는다는 것을 사회적·법적으로 분명히 할 필요가 있습니다.

정순신 판 '더 글로리'

윤석열 대통령은 검사 출신인 정순신 변호사를 국가수사본부장으로 임명합니다. 그런데 그의 아들은 2017년 발생한, 유명한 학폭 사건의 가해자였습니다. 지속해 괴롭힘을 받은 피해 학생은 극단적 선택을 시도하기도 했습니다. 문제는 정순신 변호사의 아들이 매우 심각한 폭력을 저질렀는데도 전학을 거쳐 최고 명문이라고 일컫는 학교에 별다른 걸림돌 없이 버젓이 합격했다는 데 있습니다. 아버지 권력이 작동했던 것입니다. 정순신의 아들은 아버지의 힘을 알고 있었고, 가해할 때 이를 공공연히 밝혔습니다.

한마디로 되풀이돼서는 안 될 일입니다. 저는 '정순신 검사 특권 진상 조사단 TF 단장'으로서 그의 임명이 철회되도록 소임을 다했습니다.

정당한 사유없이 국회청문회에 불출석한 정순신 전 검사와 가족 규탄!

더불어민주당 정순신 검사 특권 진상조사단은 윤석열 정부의 인사 검증 문제와 학교폭력 원인을 진단하고, 이에 대한 대책을 마련하고자 2023년 3월 7일 기자간담회와 첫 회의를 열면서 출범했습니다.

진상조사단은 두 달에 걸쳐 정순신의 자녀가 정시로 합격해 재학 중인 서울대학교를 방문했습니다. 1년이 넘는 기간에 걸쳐 계속해서 학교폭력이 일어났던 민족사관고등학교와 강제 전학 후 학교폭력 기록을 삭제해 준 반포고등학교도 방문했습니다.

초기에는 이들 학교가 방어적이고 자료 공개에도 미온적이었습니다. 특히, 국회 교육위 현안 질의 시에도 비슷한 태도로 발언해 국민을 공분시켰습니다. 그러나 진상조사단과 국회 상임위 활동 등을 통해 언론과 국민에게 제대로 실상을 알렸고, 두 달이 지난 지금은 많은 진실이 알려지게 됐습니다.

진상조사단은 '학교 현장 간담회'를 통해 학폭에 대한 엄벌주의보

정순신 진상조사단 법무부 인사정보관리단 방문 결과 기자회견

다 피해 학생에 대한 두터운 보호와 예방이 더 절실하다는 점을 알

게 됐습니다. 국내 유일의 전국 단위 학교폭력 전문기관인 '해맑음

센터'는 물론, 정순신 전 검사를 검증 과정에서 걸러내지 못한 경찰

청까지 방문하면서 문제에 심층적으로 접근했습니다. 역시 현장에

답이 있었습니다.

활동 과정 중에 윤석열 정부는 국가수사본부장을 경찰 출신 인사

로 바꿔 임명했습니다. 뭐라도 좀 달라지나 싶었지만, '그 나물에 그

밥'이었습니다. 정순신 전 검사는 청문회에 출석하지 않았고, 정 전 검사 일가의 검사 특권을 활용한 권력형 학폭 문제는 답보 상태를 면하지 못하고 있는 실정입니다.

정순신 전 검사는 아들의 강제 전학 처분을 취소토록 하기 위해 행정심판, 행정소송, 집행정지, 가처분 등 각종 법률적 기술을 동원했습니다. 그러면서 1년 가까이 강제 전학 조치를 지연하게 했습니다. 이제는 온 국민이 알게 됐지만, 평범한 국민이라면 할 수 없는 엄청난 일을 저지른 것입니다.

별도의 보호조치가 없었던 피해 학생은 정신과 치료를 받아야 했고, 학교에서 수업도 들을 수 없었습니다. 급기야 일상생활을 할 수 없는 상황으로 이어졌습니다. 심지어 극단적인 시도까지 했으니 얼마나 하루하루가 고통스러웠겠습니까.

학폭위에 출석한 피해 학생이 한 말이 떠오릅니다. '결국엔 가해자가 이기는구나!' 이 말에 저는 한순간 멍했습니다. 현행 제도의 허점에 대해 깊이 반성하고 성찰하게 하는 한마디였지만, 저는 온몸이 얼어붙은 듯 말문이 막혔습니다.

정순신 전 검사가 국가수사본부장으로 임명되지 않았더라면, 그가 국가수사본부장이라는 권력 욕심을 내지 않았더라면 이 사건은 수면 위로 떠오르지 못했을 것입니다. 진상조사단은 이번 사건에 가장 큰 책임이 있는 대통령실 비서실장, 법무부 장관, 인사정보관리단장에게 면담을 요청했으나 어떠한 회신도 받지 못했습니다. 국민의 대표기관인 국회에서 행정부의 문제점을 지적하고 실태를 파악하려는 것인데, 응답을 하지 않으니 참으로 유감입니다.

윤석열 정부는 이번 정순신 사태를 대하는 과정에서 보듯 무책임과 무대응으로 일관하는 경우가 많습니다. 우리 진상조사단은 뻔뻔하고 오만한 모습의 윤석열 정부를 잊지 않을 것입니다. 권력이 자녀에게 어떻게 전해지고 악용되는지 잘 기억하겠습니다. 우리 사회에 여전히 수많은 정순신이 있고, 수많은 정순신 아들이 있다는 것을 명심하겠습니다. 검사라는 신분을 이용한 권력의 남용과 이를 묵인하는 검사 카르텔로 민주주의가 후퇴하지 않도록 최선을 다하겠습니다. 이와 함께 이번 사태를 반면교사로 삼아 정부의 인사와 정책이 어떤 방향으로 추진돼야 하는지도 깊게 새기겠습니다.

다시는 정순신 사태와 같은 일이 반복돼서는 안 됩니다. 저는 국회 차원에서 법과 제도를 정비하는 등의 필요한 대책을 마련해 나가겠습니다.

(2023.4.11. 정순신 검사 특권 진상조사단 TF 활동 결과발표 기자회견문 일부)

「정순신 인사검증, 아들 학교폭력 문제, 국민께보고드립니다.」 활동보고서

이동관 방송통신위원장 아들 학교폭력 사건

정순신 사건의 파문이 채 가시기도 전에 윤석열 대통령은 방송통신위원장으로 이동관 특보를 임명합니다. 그는 MB 정부 시절 '방송장악 기술자'로 유명한 인물입니다. 이동관 특보는 과거의 행적만으로도 방

통위원장으로 임명돼서는 안 되는 부적격자입니다. 더욱이 그의 자녀는 많은 사람의 입에 오르내리던 유명한 학폭 사건의 가해자입니다. 문제는 이동관 특보가 자신의 힘과 지위를 이용해 사건을 무마, 아들을 별다른 문제 없이 명문대에 입학시킨 것으로 보이기 때문입니다. 저는 임명을 막기 위해 애를 썼으나 윤 대통령의 불통과 독단이라는 벽을 넘지는 못했습니다.

이동관 특보, '권력형 갑질, 악성 민원 학부모'의 정점!

대통령은 이동관 방통위원장 지명 철회하고,

재고발하고 재조사하라!

저는 지난 28일, 방송통신위원장으로 지명된 이동관 대통령실 특보의 지명 철회를 촉구하고자 이 자리에 섰습니다. 먼저 당시 서울시의회 교육위원장으로 이 사안을 정확하게 알고 계시는 김문수 전 의원님의 모두발언을 듣겠습니다. (모두발언)

이동관 특보가 자녀 학폭 관련 방통위원장 철회하고, 재고발, 재조사해야 하는 이유는 다음과 같습니다.

첫째, 이동관 특보는 학폭위를 열지 않아도 된다고 했지만, 이건 명백한 거짓말입니다.

대한민국에서 법 위에 군림할 수 있는 사람은 없습니다. 이동관 특보 아들 학폭은 학폭위를 열지 않아도 되는 사유가 전혀 없었습니다. 2012년 1월 시행된 학교폭력예방법 13조 2항에 따르면, 학교폭력이 발생한 사실을 신고받거나 보고받은 경우, 학폭위를 반드시 개최하도록 규정하고 있습니다.

이동관 특보는 반드시 학폭위를 열었어야 했습니다. 이동관 특보는 이 논리를 벗어나기 위해 자녀와 피해학생이 2011년 1학기에 이미 화해하고 합의를 봤다고 주장하고 있습니다. 하지만, 2학기 때도 학폭이 지속해서 진행되었고 그 후, 2012년이 되어서야 피해학생들의 진술서가 나왔습니다.

상식적으로 화해하고 합의했다는 피해학생들이 1년 뒤에 학폭 피해 진술서를 썼다는 것은 납득이 되지 않습니다. 또한, 진술서에 따르면 피해학생이 4명 이상으로 추정되는데, 합의를 봤다고 말하는 A군 1명을 제외하고 아직까지도 침묵하고 있는 피해학생 3명에 대한 합의는 전혀 이루어지지 않고 있습니다.

이동관 특보와 A군이 2011년 1학년 1학기에 이미 화해했다고 똑같이 입장문에 밝힌 이유가 바로 학폭위 의무 개최라는 법적 의무 사항을 피해가려는 의도로 법적 검토를 거쳐 논리를 세운 것 아닌가 의심이 듭니다. 이동관 특보는 이 부분에 대해서 명확하게 밝혀야만 합니다.

지난 2월, 국가수사본부장으로 지명되었다가 낙마한 정순신 전 검사의 자녀 학폭의 경우 적어도 학폭위를 개최하기는 했습니다. 정순신 전 검사는 각종 법 기술을 펼쳐 학폭위를 무력화한 것이지만, 이동관 특보는 법 자체를 무력화했습니다. 이것은 명백한 법률 위반입니다.

이에 대해, 이동관 특보는 "학교 선도위에서 담임교사에게 처분을 위임했다"고 입장문을 냈습니다. 하지만 이 사건의 경우 담임교사가 자체 해결할 수 있는 사안에 해당되지 않았습니다. 담임교사가 자체 해결하기 위해서는 '피해학생에게 신체·정신 또는 피해가 있었다고 볼 객관적 증거가 없고', '가해학생이 즉시 잘못을 인정해 피해학생에게 화해를 요청하고 피해 학생이 화해에 응하는 경우'에 해당되어야 합니다.

학폭 전문가들은 이 두 가지 기준에 하나라도 해당되지 않으면, 학폭위로 넘겨야 한다고 지적하고 있습니다. 당시에는 피해자 진술서라는 객관적인 증거가 명확하게 있었기 때문에 당연히 학폭위로 사안이 넘어갔어야 합니다. 나아가, 담임교사가 자체 해결했다는 학교에서는 '담임종결 사안 확인서'조차 작성하지 않았다는 점에서 학교는 이 사건 자체를 은폐하려 했던 것으로 의심됩니다.

이동관 아들 학폭 관련 기자회견

이동관 특보는 입장문에서 2011년 아들이 피해학생 A군과 이미 사과와 화해를 했다고 밝혔지만, 교사의 증언은 달랐습니다. A군을 포함한 피해학생들은 1년 뒤인 2012년 교사를 찾아가 진술서를 제출한 것으로 알려졌습니다.

이 모든 것이 가능했던 이유는, 당시 MB정부 실세로 알려진 이동관 특보의 막강한 권력이 있었기 때문입니다. 이동관 특보는 당시 하나고등학교 이사장이었던 김승유 이사장과 통화했다는 점을 인정했습니다. 이동관 특보의 부인은 학교를 찾아가 학폭위에 회부하라고 교무회의 시간에 말했던 교사의 명단을 적어내라고 한 것도 드러났습니다.

또한, 이동관 특보는 아들의 전학을 늦춰달라는 요청까지 했던 것으로 알려지고 있습니다. 자녀의 학교폭력에 대해 부모로서 반성하는 모습을 보이기는커녕 권력을 이용해 피해학생들에게 2차 가해를 가하는 뻔뻔한 모습입니다. 이처럼 이동관 특보와 부인은 자녀의 학폭을 어떻게든 은폐시키기 위해 수단과 방법을 가리지 않고, 이를 해결한 '악성 민원' 학부모였습니다.

둘째, 당시 서울시교육청에서 제출한 고발장과 검찰 측 무혐의 불기소 처분서 간 사실관계가 전혀 맞지 않습니다.

서울시교육청이 검찰에 낸 고발장을 살펴보면, 서울시교육청은 "(하나고 교감이) 가해학생이 고위층 자녀라는 것을 알고 학폭위 위원장이라는 자신의 지위를 이용해 이를 심의하지 않음으로써 학폭위 업무수행 활동을 불가능하게 했다"라고 적시되어 있습니다.

하지만, 놀랍게도 검찰이 무혐의 처분을 내린 결정서를 보면 검찰은 하나고가 학교폭력 사안 신고를 받고도 학폭위를 개최하지 않았다는 사실은 인정하면서도 이것이 법적으로 문제가 되지 않는다고 적시하고 있습니다. 참으로 이해하기 힘든 처분입니다. 검찰은 증거 불충분을 사유로 이를 무혐의 처리했지만, 오히려 증거는 확실했습니다.

셋째, 시점의 문제가 큽니다.

2011년부터 지속적으로 벌어진 학교폭력이 2012년 4월이 되어서야 학교폭력 사안임이 학교에서 인지되었습니다. 이 사건은 그 후에도 수면 아래 묻혀있다가 2015년 서울시교육청이 특별감사를 벌이게 되면서 드러났습니다. 그리고, 1년이 넘게 지난 2016년 11월 말이 되어서야 검찰에서 무혐의 처분으로 상황을 종결시킨 것입니다.

여기서 주목할 점은 검찰의 무혐의 처분 시점입니다. 2016년 11월, 교육과 아무런 연관성을 찾을 수 없는 검찰총장 출신 김각영 변호사가 하나고 이사장으로 취임했습니다. 그리고 바로 한 달 뒤에 곧바로 검찰은 이 사건에 대해 무혐의 불기소 처분을 내리며 사건을 종결시켰습니다. 이런 흐름 때문에 전관예우 논란이 제기되고 있습니다.

이동관 특보 자녀 학폭 사건은 오랜 시간 동안 다수의 피해학생이 있는 악질의 학교폭력 사건이었음에도 불구하고, 어떠한 문서도 남지 않은 채, 가해학생은 깔끔하게 전학을 가고, 수시전형으로 명문대에 진학했습니다.

위 세 가지 의혹이 전혀 풀리지 않은 상황에서, 윤석열 대통령은 이동관 특보의 방송통신위원장 지명을 강행했습니다. 다시 한번, 강력하게 촉구합니다.

먼저, 검찰에 촉구합니다. 하나고를 둘러싸고 벌어지는 검찰의 무능과 봐주기 의혹에 대해서 재수사를 통해 반드시 의혹을 해소하십시오. 검찰은 당시 무혐의 처분이 잘못됐음을 이제라도 인정하고 바로잡아야 합니다.

다음으로, 윤석열 정부에 촉구합니다. 학교폭력이 심각한 사회적 문제로 대두되고 국민적 공분이 큰 상황입니다. 지난 18일에는, 서울 서이초등학교 2년차 신규교사가 극단적 선택으로 생을 마감한 사건이 있었습니다. 지난 29일은 폭염경보에도 불구하고 교사와 시민 3만 여명이 광화문에 모여 공교육 정상화를 위한 집회를 열었습니다.

학부모의 악성 민원과 갑질로 인해 교육현장이 황폐화된 이 순간에도, 윤석열 대통령은 이동관 특보를 방송통신위원장으로 지명한 것입니다. 윤석열 정부의 공정과 상식, 그리고 학교폭력 근절을 위해 방안을 마련하겠다고 발표한 것에 비추어도 완벽하게 상반되는 인사조치입니다. 이동관 특보에 대한 방송통신위원장 지명을 철회하지 않는다면 국민은 결코 윤석열 대통령을 용서하지 않을 것입니다.

끝으로, 이동관 특보에게도 다시 한번 묻고 싶습니다. 왜 학폭위가 열리지 않았나요?

악질적인 학폭을 저지른 이동관 특보 자녀는 왜 아무런 불이익도 없이 수시전형으로 명문대에 입학할 수 있었나요? 자리에 대한 본인의 욕심으로 또다시 누군가의 인생을 송두리째 흔드는 행위를 멈추시길 바랍니다.

지금이라도 그 욕심을 멈추지 않는다면, 역사는 반드시 이동관 특보의 위선을 심판할 것입니다.

(2023. 7. 31. 국회의원 강득구)

피해 학생 이의 제기는 기각

학폭 사건의 심각성에도 피해 학생의 이의제기는 제대로 받아들여지고 있지 않습니다. 기우이기를 바라지만, 여기에도 법률서비스 이용이 쉬운 부모의 권력(금력)이 작동하고 있는 것이 아닌가 하는 생각을 하게 됩니다.

최근 5년간 '학교폭력 대책심의(자치)위원회' 심의 결과에 재심·행정심판을 청구한 피해 학생 중 70% 이상이 인용되지 못한 것으로 나타났습니다. 교육부에서 받은 '학교폭력 재심 및 행정심판 현황' 자료를 보면 최근 5년간 피해 학생의 학교폭력 재심 및 행정심판 인용률이 29.2%에 불과했습니다.

현행 「학교폭력예방법」에 따르면 피해 학생이나 그 보호자는 학폭위 심의 결과를 보고 가해 학생 처분이나 피해 학생 보호조치에 이의가 있으면 행정심판을 청구할 수 있습니다. 2019년까지는 학폭위 결과에 이의가 있으면 재심·행정심판을 청구할 수 있었으나 2020년부터는 행정심판으로 방법을 일원화했습니다.

2016년부터 2020년까지 피해 학생이 청구한 학교폭력 재심 및 행정심판 처리 건수는 5,098건이었습니다. 이 중 70.8%인 3611건이 인용되지 못했습니다. 특히 피해 학생의 재심 및 행정심판 인용률은 2016년 29.1%에서 2020년 22.1%로, 5년 전보다 7%가 감소한 것으로 나타났습니다.

**'아들 학교폭력' 여전한 의혹…
학폭위는 왜 안 열렸나?**

2023. 7. 28. | KBS

'학폭 의혹' 여전한데

강득구 더불어민주당 의원
학교 이사장에게 전화를 하거나, 학교 회의에서 교감이 학폭위 개최를
반대했다는 증언도 있었던 만큼, 권력형 학폭 은폐 의혹에 대한…

같은 기간 가해 학생이 학폭위 결정에 불복해 청구한 재심 및 행정심판 처리 건수는 5463건이었습니다. 이 중 32.4%인 1769건이 인용된 것으로 나타났습니다. 가해 학생이나 그 보호자는 학폭위 심의 결과를 보고 가해 학생의 처분에 불복하고 싶으면 행정심판을 청구할 수 있습니다.

그런데 학폭위가 가해 학생 측이 행정심판을 청구한 결과 '전학'에서 '교내봉사 6시간' 등으로 크게 처분을 낮춘 사례가 있습니다. 학교폭력 가해 학생의 선도 및 조치 종류는 학교폭력의 심각성·지속성·고의성 등에 따라 퇴학, 전학, 학급교체, 출석정지, 특별교육 이수나 심리치료, 사회봉사, 학교 봉사, 접촉·협박·보복행위 금지, 서면사과로 나뉩니다.

학교폭력은 학생 본인에게는 평생을 좌우할 만큼의 큰 고통일 뿐만 아니라, 한 가정을 뒤흔들고 해체할 수 있는 심각한 사회문제입니다. 학교폭력 피해 학생의 이의제기가 30%도 받아들여지지 않는다는 것은 여전히 우리 사회가 피해 학생의 정신적·신체적 고통에 대한 공감이 부족하다는 것입니다. 특히 가해 학생이 청구한 행정심판 중 기존 처분이 필요 이상으로 크게 경감되는 경우는 국민의 눈높이에서 이해하기 어렵습니다. 행정심판의 재결 결과가 피해 학생에게 상처를 주고 또 다른 2차 가해로 이어지지 않도록 법적·제도적 개선이 이루어져야 합니다.

4. 무너진 교권, 서이초 선생님의 비극

교권이 무너지고 있습니다. 아니 이미 무너졌습니다. 서이초 선생님의 비극 이후 여러 선생님이 유명을 달리하는 일이 계속해서 벌어집니다. 교권 침해 관련 교원과 학부모 13만 2000여 명을 대상으로 설문조사를 실시했습니다. 그 결과 '본인 또는 동료 교사가 민원으로 우울증 치료나 휴직 등을 한 경험한 적이 있는지' 물음에 교원 94.7%가 그렇

다고 답했습니다. '학교 내에서 과도한 민원을 받은 사례를 경험한 적이 있는지'에 92.3%, '유사 사례 발생할 가능성이 있다고 보는지'에도 97.6%가 그렇다고 답했습니다.

이 사건의 주요 메시지 중 하나는 '나일 수 있다'는 것, 누구에게나 발생할 수 있는 것입니다, 대다수 교사가 겪어왔던 일이기에 분노가 큰 상황입니다. 학교 현장은 악성 민원과 무고성 아동학대가 늘어나고 있어서 교사의 정당한 교육활동마저 '아동학대'로 신고당하는 것이 작금의 현실입니다.

전국시도교육감협의회는 2023년 5월, 「아동학대처벌법」 등의 개정을 요구하는 의견문을 냈고, 저 역시 스승의 날을 맞아 정당한 교육활동이 인정받는 교육 생태계 조성을 위한 토론회를 개최하고, 기자회견을 열었습니다. 2023년 7월 28일에는 국회 교육위 현안 질의가 있었는데, 서이초 교사 사망사건을 두고 정부 여당은 때를 기다렸다는 듯 '학생인권조례' 탓을 했습니다. 정부 여당 논리대로라면, 17개 시도교육청 중 학생인권조례가 제정되지 않은 11개 지역에서는 교권 침해가 줄어들어야 합니다. 그러나 여러 언론에서 나왔듯 데이터상 별 차이가 없습니다.

교권과 학생 인권은 시소 논리로 바라보면 안 됩니다. 이분법적으로 볼 것이 아니라 학교라는 공간에서 서로 존중하고, 함께 성장하며, 학교 구성원 모두 기본적인 인권을 보장받는 방향 속에서 해법을 찾아야 합니다.

5. 직업계 고등학교 출신의 구직난

직업 못 구하는 직업계 고등학교 출신 학생, <다음 소희> 없어야

고교 졸업 후 취업을 원하는 학생에게는 그 기회를 보장해야 합니다. 그런데 현실은 거꾸로 가고 있습니다. 특성화고를 비롯한 직업계 고등학교 출신 학생의 진로가 원활하지 못합니다. 직업계 고등학교나 전문대 등이 활성화하지 못하면 학생이 선택할 수 있는 진로는 4년제 대학에 진학하는 길밖에 없습니다. 사실상 선택의 여지가 없는 것입니다. 직업계고 학생은 여러 사정으로 조기에 사회로 진출하고자 하는 것인데, 취업 하지 못한다면 학교 존립 이유가 없지요. 문제는 또 있습니다. 현장실습 여건이 너무 열악합니다. 취업한다고 해도 제대로 된 일자리라고는 할 수 없는 경우가 많습니다.

넷플릭스에서 높은 시청률을 기록한 드라마 <다음 소희>는 현장실습의 문제점을 다루었습니다. 이 드라마는 물론 픽션(fiction)입니다. 그렇지만 실제로 발생한 일을 기반으로 만들었습니다.

우리 학생에게 다양한 진로 기회를 보장해야 합니다. 그렇게 하지 않으면 우리 교육을 멍들게 하는 대입 일변도 교육에서 벗어날 길이 없습니다. 저는 먼저 특성화고 졸업생 취업자 수가 매년 감소하는 현상을 밝혔습니다. 2022년 특성화고를 졸업한 학생 6만 7480명 중 취업자는 1만 8320명으로 전체 졸업자의 27.1%였습니다. 취업 1년 내로는 10명 중 3~4명꼴로 직장을 그만둔 것으로 나타났습니다.

현재 대한민국 사회는 고졸 출신자가 대졸자보다 상대적으로 열악한 노동 환경에서 일하고 있습니다. 양질의 일자리를 충분히 확보하지 못했기 때문에 졸업 후 취업했어도 일을 유지하지 못하고 회사를 그만두는 현상이 발생하는 것입니다. 특히, 코로나19 팬데믹, 최저임금 상승, 기업의 수시 채용 활성화 등으로 고용이 위축돼 특성화고 졸업생은 양질의 일자리를 두고 더 치열하게 경쟁해야 합니다.

예산 느는 와중에 직업계고는 '싹둑'

2022.05.23. | 매일경제

현장실습 위축 감안해 삭감
국립대 예산도 380억 줄여

지방교육재정교부금이 11조원 늘어난 2차 추가경정예산에서도 오히려 일부 사업은 진척 속도를 감안해 감액됐다. 특히 국립대학의 실습 관련 비용과 직업계고 관련 예산이 줄었다.

22일 국회에 따르면 고교 취업 연계 장려금 사업은 취업률 저조를 감안해 당초 본예산보다 280억원 감소한 1275억원이 배정됐으며 현장실습 기업 현장교육 지원은 60억원 감소한 145억원이 배정됐다.

직업계고 현장실습 기업 현장 운영 사업은 사업 대상인 기업 현장 교사 인원이 당초 2만명에서 1만4000명으로 축소되면서 감액됐다. 코로나19 장기화에 따라 현장실습 위축으로 불용률이 높다는 점을 감안한 것이다. 그러나 현장실습에 대한 특성화고 학생들의 높은 관심을 고려한다면 단기적인 불용률을 근거로 예산을 삭감하는 것은 성급하다

는 지적이 나온다. 2020년도 사업 시행 이후 현장실습생 산재·권익침해 발생이 39.7% 줄었고, 현장실습에 참여하는 기업 수도 6.4% 늘어나는 성과를 거뒀다. 강득구 더불어민주당 의원은 "사회적 거리 두기가 전면 해제되고 일상이 회복되고 있는 시점에서 납득이 가질 않는다"며 "실집행률이 사업 시행 첫 연도인 2020년에는 31.7%였지만, 2021년에는 55.7%로 올라왔다"고 말했다. 또 그는 "직업계고 현장실습생들에 대한 지원과 보호라는 관점에서 절대로 감액하면 안 되는 사업"이라고 비판했다.

국립대학 실험실습 기자재 확충 사업은 본예산 대비 121억원이 감축된 1165억원, 국립대학 시설 확충 사업은 256억원이 감축된 6753억원이 배정됐다. 국립대학 인건비 역시 소폭 감소했다. 예혜란 교육부 예산담당관은 "국립대학 실험실습센터는 입찰을 통해 전문 설계자가 정해지는데 유찰되면서 설계 공사 진행이 다소 늦춰진 점을 감안해 예산 배정을 줄였다"며 "내년에는 정상적으로 반영돼 국립대학 인건비 예산은 작년 연가보상비가 일부 불용된 점을 감안해 고통 분담 차원에서 소폭 감액했다"고 말했다.

김제림 기자

(5.8*29.4)cm

저는 이를 우려해 대책 마련을 주문했습니다. 9월에는 15일과 28일 연속 2회에 걸쳐 국민의힘 이태규 의원, '교육의봄', '좋은교사운동', 경기도 일자리재단, 서울·경기·인천 교육청, 경기도청과 함께 '고

졸 취업 안전망 10년 보장제'와 관련해 논의하는 토론회를 개최하기도 했습니다.

저는 현장실습의 문제점을 지적하고 훈련 학생에게 '현장실습산업체'에 대한 정보를 충분히 제공하도록 했습니다만, 근본적인 해결책은 아닐 수도 있습니다. 그렇지만 우선 충분한 정보제공을 함으로써 다음 소희, 또 다음 소희가 발생하지 않게 하는 첫걸음을 떼게 한 것입니다.

2022년 8월에는 저를 포함한 여야 국회의원 100명이 '직업계 고등학교의 안전한 현장실습 확보와 정부(공공기관) 현장실습 활성화를 위한 국회 결의안'을 발의, 같은 해 11월 본회의를 통과했습니다.

직업계고등학교에서 반복되는 현장실습에서의 비극, 안전하고 내실 있는 법과 제도로 제대로 된 보호 체계를 마련하라!

직업계고 안전한 현장실습 확보와

정부(산하기관) 현장실습 활성화를 위한 국회 결의안,

의원 100명 공동발의 관련 기자회견

2022년 8월 18일(목), 여야 국회의원 100명은 직업계 고등학교의 안전한 현장실습 확보와 정부(산하기관) 현장실습 활성화를 위한 국회 결의안을 공동 발의했습니다.

저희는 국회를 비롯한 정부와 산하기관이 책임 있는 태도로 이 문제에 임하도록 촉구하고자 무거운 마음으로 이 자리에 섰습니다.

2021년 10월, 여수의 한 직업계 고등학교 3학년 학생이었던 홍 군이 현장실습을 하다가 숨졌습니다. 7t급 요트 바닥에 붙은 따개비를 제거하기 위해 홀로 잠수작업을 하다가 변을 당한 것입니다. 홍 군은 잠수 관련 자격, 면허, 경험이 전혀 없었습니다. 법적으로 잠수

작업이 불가능한 나이이기도 했습니다. 잠수작업은 협약서 내용에도 없는 것인데 투입했던 것입니다.

선체에 붙은 따개비 제거 작업은 전문잠수사도 쉽지 않은 고난도 작업입니다. 그들조차 기본적인 안전 수칙인 2인 1조 잠수를 준수해야 합니다. 그런데 홍 군은 업체 지시로 12kg의 납덩어리를 허리에 차고 홀로 차가운 물 속에서 들어가 작업하다가 장비의 줄이 엉키는 바람에 목숨을 잃었습니다.

홍 군의 죽음은 많은 사람을 가슴 아프게 했습니다. 사건 발생 1년이 다가오지만. 비통한 슬픔이 여전합니다. 우리는 이런 아이를 가슴에 묻어야 하는 현실 속에 살고 있는 것입니다.

직업계 고등학교 현장실습 사고는 어제오늘의 일이 아닙니다. 2012년 울산 신항만공사 작업선 전복, 2014년 울산 자동차 하청업체 공장 지붕 붕괴, 2017년 제주 생수 공장 안전사고 등으로 우리의 소중한 학생이자 청소년이 현장실습 도중 생명을 잃었습니다. 2015년에는 충북 진천의 한 공장에, 2017년에는 전주의 한 고객센터에 현장실습을 나간 청소년이 각각 자살하는 일까지 벌어졌습니다.

연이어 발생한 직업계고 현장실습생의 비극적인 참사는 우연이 아닙니다. 정부와 국회는 이를 무겁게 받아들이고, 깊이 반성하고 성찰해야 합니다. 정부는 사고가 일어날 때마다 관련 대책을 발표했지만, 직업계 고등학교 학생의 현장실습에서 발생하는 노동착취와 산업재해 문제를 여전히 해결하지 못하고 있습니다. 그래서 정부의 대책이라는 것이 땜질식 처방이라고 계속해서 지적받는 것입니다.

2021년 국가인권위원회는 《인권보고서》를 통해, 직업계 고등학교의 현장실습 제도를 둘러싼 문제를 근본적으로 해결해야 한다고 강조했습니다. 특히, 한국 사회에서는 직업계 고등학교 현장실습생을 학생이 아니라 저임금 노동자로 취급하고 있다고 지적하고, 이들의 안전과 인권을 너무 경시해 왔다고 비판했습니다. 국가인권위원회는 현장실습 제도가 청소년의 학습권을 보호하는 과정으로 이해해야 하고, 이들의 활동이 노동으로서도 보호받을 수 있는 두터운 법·제도적 보호 체계를 마련할 필요가 있다고 강조했습니다.

우리는 국가인권위원회가 권고한 이러한 사항을 무겁게 받아들여야 합니다. 더는 청소년이 산업재해를 입지 않도록 어떻게든 막아야 합니다. 정부와 국회는 더 늦기 전에 이제라도 진정 어린 태도로 책임 있는 방안을 만들어야 합니다. 이에 우리 여야 국회의원 100명은 직업계 고등학교 학생이 안전한 현장실습을 할 수 있도록 정부의 구체적인 현장실습 내실화 방안 마련을 다음과 같이 강력하게 촉구합니다.

첫째, 직업계 고등학교 학생이 현장실습 도중 산업재해, 노동착취, 인권유린 등을 당하지 않도록 학생의 안전한 학습권을 보장하기 위한 입법적 노력을 기울이길 촉구합니다.

둘째, 직업계 고등학교 학생에 대한 제도적 지원과 정부-산하기관 연계를 강화하고, 안전한 현장실습처를 폭넓게 개방하도록 촉구합니다.

셋째, 인공지능을 포함한 디지털 기술을 적극적으로 활용해 직업계 고등학교 현장실습 통합플랫폼 구축을 지원하는 등으로 직업계고 현장실습 지원 체계를 재구조화하도록 촉구합니다.

넷째, 정부의 범부처 협력을 통한 명실상부한 직업교육 기본정책을 수립하고, 제대로 된 지원을 촉구합니다. 동시에, 포용적이고 개방적인 국제 연대를 형성하기 위한 노력도 강력히 촉구합니다.

이번 국회 결의안 발의에 국회의원 100명이 참여했습니다. 여야 할 것 없이 결의안에 함께했습니다. 우리 100명의 국회의원은 현재와 미래를 살아갈 우리의 청소년에게 희망을 주기 위해 한마음으로 함께했습니다.

절대로 이번 발의를 선언적 행위로만 끝내지 않겠습니다. 직업계 고등학교 현장실습이 더 안전하고, 더 내실 있게 운영되도록 대한민국 국회가 끝까지 함께하겠습니다. 청소년과 우리나라의 미래를 생각하며, 미래형 직업교육 체계를 만드는 데도 앞장서겠습니다.

오늘 기자회견과 국회 결의안 발의를 계기로 직업계 고등학교 학생이 사회에 첫발을 내딛기도 전에 아픔을 겪는 일이 더는 발생하지 않도록 노력하겠습니다.

정부도 앞으로 직업계 고등학교 현장실습 관련 제도를 제대로 만들고, 현장실습을 내실화할 방안을 조속히 마련하기를 강력히 촉구합니다.

(2022. 8. 24. 국회 결의안 공동발의 100인 국회의원 일동)

강득구 "직업교육생 공공기관 연계 현장실습"

2022. 09. 07. | 중부일보

강득구 "직업교육생 공공기관 연계 현장실습"

강득구 더불어민주당 의원(안양만안)이 6일 재학 중인 직업교육훈련생에게 현장실습을 실시하는 경우 공공기관 및 지방공기업을 현장실습산업체로 선정할 수 있도록 하는 '직업교육훈련 촉진법 개정안'을 발의했다.

직업교육훈련생은 직업교육훈련과정을 이수하는 중에 산업체에서 현장실습을 받아야 하고, 현장실습산업체를 선정할 때 직업교육훈련생의 전공분야, 현장실습프로그램의 적합성, 현장실습 시설·설비의 적합성 및 후생복지 여건 등을 고려해 선정하도록 하고 있다.

그러나 지난해 여수에서 현장실습 중 직업계고등학교 학생의 사망 사고가 발생하는 등 빈번한 안전사고의 발생, 인

격 침해 및 노동착취 등의 문제가 끊이지 않고 발생하고 있다. 일각에서는 현장실습 제도에 대한 산업체의 인식 부족 및 안전사고에 적절한 대처가 미흡하다는 문제와 함께 현장실습산업체의 열악한 환경 등의 요인도 있어 공공기관 등과 연계해 현장실습을 실시할 필요성이 있다는 의견이 제기되고 있다.

강 의원은 "공공분야의 현장실습 연계를 통해 보다 안전한 현장실습 환경을 제공하려는 것"이라고 밝혔다.

김재득기자

(11.3*9.8)cm

6. 관심 밖의 학교 밖 청소년

학교 밖 청소년은 교육 분야에서 장애인과 더불어 가장 처지가 어려운 소수자일 가능성이 높습니다. 저 자신이 청소년 시절 이러저러한 사정으로 '학교 밖'을 경험했습니다.

독일계 미국 철학자인 한나 아렌트(Hannah Arendt)는 2차대전 중 나치 독일의 박해를 피해 프랑스를 거쳐 미국에 정착합니다. 미국 시민권을 얻기까지 '무국적자'였던 삶을 일러 그는 '떠돌이, 부랑자, 버림받은 사람'을 뜻하는 '파리아'(pariah)로 표현합니다. 학교 밖 청소년은 '국적 있는 무국적자', 혹은 파리아에 비견할 수 있습니다. 이들에게 사회 진입이든 학교 복귀든 '소속'을 찾아주어야 합니다.

다행히 그동안 관심을 두고 지원강화 정책을 편 결과, 학업 복귀나 사회진입 비율이 크게 신장했습니다. 여성가족부가 제출한 자료에 따르면 학교 밖 청소년의 학업 복귀 및 사회진입 비율은 2015년 25.3%에서 2021년 38.5%로 크게 올랐습니다. 검정고시 합격자는 2015년 3743명에서 2021년 1만 858명으로, 대학 진학 숫자는 같은 기간 398명에서 1506명으로 각각 증가했습니다. 2015년 이후 지원 예산도 2배 이상 늘어났습니다.

그러나 지원에 여전히 사각지대가 많습니다. 저는 학교 밖 청소년에 관한 관심 기조를 계속해서 유지하고, 여러 방안이 더 향상할 수 있도록 앞으로도 노력하겠습니다.

7. 학교 급식종사자의 건강

식당 일은 중노동에 속합니다. 노동 강도가 높은 데다가 일하는 공간에 공기 순환이 원활하지 않은 경우가 많습니다. 식당 종사자는 음식을 만들 때 각종 연기와 김 등이 발생하는 환경에 그대로 노출돼 있습니다. 폐 건강에 특히 해로운 환경입니다.

교육위원으로서 학교 식당에서 일하는 분의 건강이 어떤지 알아보았습니다. 결과는 예상을 훨씬 뛰어넘었습니다. 매우 심각한 수준이었습니다. 학생의 건강을 책임지는 학교 급식 종사자가 막상 본인 건강은 돌볼 수 없다는 것이 너무 가슴 아팠습니다. 정부에 종합적인 대책 수립을 요청하고, 별도로 토론회를 열었습니다. 학교 급식종사자 건강 문제를 다루기 위한 토론회는 여러 의원(강민정·김민석·도종환·문정복), '전국교육공무직본부', '전국학교비정규직노동조합'이 함께했습니다.

2023년 10월 국정감사 때, 저의 주요 질의 중 하나도 바로 이 학교급식 노동자의 건강 문제와 학교급식 조리 환경이었습니다.

학교 급식종사자 폐암 검진 결과, 이상소견 32.4%! 폐암 의심 338명! 정부는 학교급식 노동환경과 안전에 대한 근본적인 대책 마련하라!

오늘 저는 '학교 급식종사자의 폐암 검진 결과'에 대해 발표하고, 교육부와 교육청의 대책 마련을 촉구하기 위해 무거운 마음으로 이 자리에 섰습니다.

오늘은 16년 전인 삼성전자 반도체공장(기흥)에서 일하다가 급성백혈병 진단을 받은 황유미 님이 세상을 떠난 날(2007.3.6.)입니다. 그는 당시 23살이었습니다. 7년 싸움 끝에 겨우 산재를 인정받았는데, 잊어서는 안 될 일입니다.

작년 2021년, 학교 급식종사자의 폐암 문제가 질병 성격의 산업재해로 처음 인정됐습니다. 이후 전국의 17개 시도교육청은 고용노동부 지침에 따라 학교 급식실에서 일하는 노동자 중 55세 이상이거나 10년 이상인 4만여 명을 대상으로 폐 CT 검진했습니다.

2022년 11월, 교육부에서 첫 공식 집계한 '폐 CT 검사에 대한 중간 현황' 발표는 충격이었습니다. 학교 급식종사자 10명 중 3명꼴로 '이상소견'이 나타났습니다. 이는 2019년 국가암등록통계에 수록한 35세 이상 65세 미만 여성의 폐암 발생률보다 약 35배나 많은 수치입니다.

2023년 3월, 우리 의원실은 전국의 각 시도교육청으로부터 그간 진행했던 폐 CT 검진 결과를 받아 분석했습니다. 수검자 4만 2000여 명 중 1만 3000여 명이 '이상소견'인 것으로 나타났습니다. 전체 수검자의 32.4%에 달하는 수치입니다. 이상소견 중에서도 가장 높은 단계인 4단계 '폐암 의심'에 해당하는 급식종사자 수는 338명인 것으로 드러났습니다. 폐암 의심 판정을 받은 급식종사자를 지역별로 보면, 수도권 지역인 경기 115명, 서울 70명으로 가장 많았습니다. 전남(27명), 부산(20명), 경남(18명) 순으로 뒤를 이었습니다.

학교 급식종사자의 폐암 발병률이 높다는 조사 결과가 잇따라 나오자, 급식조리실 환경과 급식종사자 안전을 위한 대책 마련이 시급하다는 목소리가 커졌습니다. 하지만 정부의 해법은 여전히 불명확하고 더딥니다. 시도교육청별 환기시설 개선을 위한 예산 계획을 수립하겠다고 밝혔으나 이를 제대로 된 해법으로 볼 수는 없습니다.

2023년 2월, 우리 의원실에서 근본적인 문제를 해결하기 위한 토론회를 열었습니다. 이 자리에서 제안한 주요 대책은 적정한 인력확보

및 식수 인원 조정, 학교 급식실 작업환경의 환기시설 개선, 안전보건 체계 구축, 산업안전보건위원회의 실질화 등이었는데 모두 중요한 사안입니다.

산재의 근본적인 원인은 '초고강도 노동'에 있음을 인지해야 합니다. 이는 학교 급식종사자의 안전을 위한 가장 기본적이고도 시급히 해결해야 할 절실한 문제입니다.

최근에는 학교 급식종사자가 직접 나서서 '안전하게 일할 권리'를 주장합니다. 이 같은 현실은 대한민국 사회가 참으로 부끄럽게 생각하고 반성해야 할 일입니다. '죽음의 급식실'이라는 표현 자체가 우리 사회와 학교의 민낯을 적나라하게 드러내는 말입니다.

다시 한번 정부에 촉구합니다. 학교 급식종사자의 폐암 문제는 목숨과 직결되는 긴급하고 절박한 민생 문제입니다. 개별 교육청에서 자율적으로 개선하기에는 사안이 매우 심각합니다. 이주호 교육부 장관이 직접 나서십시오. 교육부 장관이 고용노동부, 시도교육감협의회 등과 함께 비상 TF를 구성하는 등 적극적으로 조처하십시오.

'제2의 황유미'가 나와서는 안 됩니다. 최소한의 노동 인권을 보장하는 것이 국가의 당연한 의무이자 책임입니다. 고용노동부의 급식종사자에 대한 건강검진 권고가 나오고, 전국의 학교 급식종사자 폐

CT 검진 결과가 발표되기까지 참으로 오래 걸렸습니다. 교육부와 교육청이 적극적인 의지로 하루속히 종합적인 대책 마련에 나서기를 강력히 촉구합니다.

저 또한 이 문제를 해결하기 위해 끝까지 치열하게 고민하고, 국회에서 할 수 있는 역할에 더욱더 충실히 임하겠습니다.

(2023. 3. 6. 국회의원 강득구)

'폐암 산재승인' 113명... 대책 없는 지하 급식실 어쩌나

2023. 10. 09. | SBS

8. 결식아동의 식사

김상곤 경기도 교육감 때, 무상급식이 전국적인 이슈였습니다. 이후 무상급식제도가 정착됐다고 봐도 무방할 것입니다. 하지만 제도가 미치지 못하는 사각지대는 없는지 살피는 것이 중요합니다.

저는 결식아동이 제대로 된 음식을 먹을 수 있게 하는 「아동복지법 일부법률개정안」을 대표로 발의했습니다. '국가가 결식아동 급식 지원

편의점 도시락 집었다가 다시 내려놨어요

2022. 10. 19. | 매일경제

매일경제

2022년 10월 19일
(9일은 나라)

"편의점 도시락 집었다가 다시 내려놨어요"

고물가에 편의 식품 가격 속
8천원 훌쩍 넘는 도시락 나와
결식아동 지자체 급식지원은
인천 광주 등 12곳 7천원 불과

값싼 인스턴트 식품으로 몰려
결식아동들 영양 불균형 우려

#박 모씨(54)가 서울 강남구에서 운영하는 편의점에는 급식지원카드로 도시락을 사는 한 아이가 이따금씩 찾아온다. 박씨는 "요새는 편의점 식품 가격도 올라 가격표 앞에서 한참을 고민하는 아이를 보면 마음이 아프다"며 "우유를 들어다보다가 내려놓는 걸 보고 사준 적도 있다"고 말했다.

치솟는 밥상물가로 결식아동을 위한 급식지원비가 현실에 맞게 인상돼야 한다는 지적이 제기되고 있다. 최근에는 결식아동들이 주로 끼니를 해결하는 편의점 도시락 가격마저 급식비를 넘어서고 있어 정부가 지원해야 한다는 주장이다.

18일 보건복지부에 따르면 결식아동을 위한 복지부 급식지원비 권고금액은 한 끼에 7000원을 지급하는 시도는 인천, 광주, 대구, 경북, 경남, 전북, 전남등 12곳이다. 시도 대부분이 각인한 복지부 권고금액을 맞추기에 급급한 실정이다. 심지어 김해시는 최근까지 한 끼당 6000원을 지급하다가 7000원으로 인상하기도 했다. 그나마 서울 서초구·종로구, 부산시 기장군 등이 결식아동에게 최고액인 9000원을 지급했다.

경제 사정 등으로 식사를 하지 못할 우려가 있는 아이들은 급식을 안 주는 아침이나 저녁 식사를 정부가 지원하는 급식지원비로 해결해야 한다.

그러나 최근 물가 상승으로 외식비가 크게 오르면서 정부의 급식비로는 결식아동이 식당에서 식사하기 어려운 게 현실이다. 한국소비자원의 외식비 지표인 마트21 품목별 지역에서 김치찌개 백반이나 충북 지역에서 비빔밥의 그릇씩 가격은 각각 7615원, 8471원이다. 최근 경상북도와 충청북도 국경감사에서는 "7000원으로는 아이들이 충분한 식사를 하기가 어려워 영양 불균형이 우려되는 인스턴트 식품을 이용하거나 값싼 음식을 찾아다녀야 한다"는 지적이 제기됐다.

강득구 더불어민주당 의원실이 전국시도에서 받은 '2022년 상반기 결식아동 급식카드 사용현황'에 따르면 전체 사용 건수 613만9860건 중 41.9%인 257만2106건의 사용처가 편의점이었다. 특히 대구나 인천의 편의점 사용 비율은 각각 67.0%와 63.2%로 절반을 훌쩍 넘었다. 외식비가 비싼 서울 역시 49.3%에 달했다. 이처럼 결식아동이 편의점을 찾을 수밖에 없는 상황이지만, 최근 물가 상승이 '도시락 8000원 시대'를 열면서 결식아동을 마지막 보루였던 편의점에서마저 쫓겨날 위기에 처했다. 최근 CU는 8000원인 '한국의집소갈비찜상'을 7900원인 '한국의집소고기불백'을 출시했다. 기간 한정 냉장간편식까지 살펴보면 1

만원을 훌쩍 넘는 제품도 있다. 올여름 한정 출시한 GS25의 '장수한뼘인삼 닭배숙'은 1만2900원에 판매됐고, 이 마트24의 '민물장어솥밥' 가격은 1만1000원에 달했다. 편의점에는 4000~5000원대 도시락만도 있지만, 고기 반찬 하나에 볶은김치, 멸치 등 반찬이 4가지러서 전문업들은 한창 자라날 아이들에게 충분한 영양을 제공한다고 보기는 어렵다고 했다. 이민경 한국결식아동청소년지원협의 이사는 "아이들은 편의점에서 저렴한 삼각김밥 등을 여러 개 사서 마땅히 먹을 게 없을 때 활용하기도 한다"며 "높은 물가상승률에 비해 지원 금액은 여전히나 지금이나 거의 비슷하다"고 지적했다.

결식아동이 자유롭게 끼니를 해결할 수 있도록 지원 단가를 따로 정하지 말아야 한다는 주장도 나온다. 정의증 이화여대 사회복지학과 교수는 "한 끼에 8000원이다. 7000원은 다 경제를 문제가 아니라 아이들이 가격에 구애받지 않고 원하는 음식을 먹도록 해야 한다"며 "지역사회의 다양한 기관이 협력해 빈곤한 아이들에게도 마음껏 식사할 수 있는 기회를 줘야 한다"고 설명했다.

김정서 기자
(23.4-16.5)cer

지역별 아동급식 지원 금액

지원 금액	지역
8000~9000원	서울, 부산
6000원	대전, 경기
7000~8000원	충남
7000원	대구, 인천, 광주, 울산, 세종, 강원, 충북, 전북, 전남, 경북, 경남, 제주

*2022년 9월 기준, 서울, 부산, 충남은 자치구별로 다르게 지급되는 지역 포함

단가 일부를 지자체에 보조할 수 있게 하자'는 것이 핵심 내용입니다. 급식 지원사업을 지자체로 이양했다고 해도 여전히 국가가 아동 급식 지원사업을 점검할 책임이 있다는 전제로, 각 지자체의 결식아동 급식 지원 현황을 점검할 수 있도록 법령상 근거를 마련해야 하므로 발의한 것입니다.

한편, 저는 2023년 국정감사를 통해 결식아동 급식 지원사업의 낮은 단가와 적은 사용처를 지적했습니다. 고물가 시대의 물가 상승을 반영

한 단가를 책정해 지원해야 하고, 일반음식점 이용 비율을 늘려야 한다고 강조했습니다.

9. 빚으로 사회생활 시작하는 청년

청년실업이 큰 문제가 되고 있습니다. 대학을 졸업해도 취업이 잘 되지 않습니다. 취업해도 양질의 일자리를 찾지 못하는 경우도 많습니다. 그러다 보니 대학 공부를 위해 학자금 대출을 받았던 학생이 졸업 후 사회에 진출해도 이 대출금을 갚지 못해 힘들어합니다. 한국장학재단이 제출한 자료에 따르면, 2023년 7월 말 기준 일반 상환 학자금 대출 연체자는 총 2만 7656명입니다. 취업 후 소득이 생겼을 때부터 학자금 대출 원리금 상환 의무가 생기는 '취업 후 상환 학자금 대출'을 받은 이들은 제외한 수치입니다.

2021년을 기점으로 학자금 대출 원리금을 갚지 못하는 청년이 늘어난 것은 코로나19로 청년 실업 악화한 데다가 최근 경기지표 역시 나빠진 점이 원인으로 꼽힙니다. 학자금 대출이 사회에 첫발을 내디딘 청년의 희망을 꺾는 걸림돌이 되지 않도록 연체 부담을 최소화하고 양질의 청년 일자리를 발굴하는 등 면밀한 대책을 세워야 합니다.

제3부

교육개혁을
통한
공정사회 모색

제2부에서는 교육을 통해 드러난 우리의 현실과 문제점을 짚었습니다. 제3부에서는 대안을 다룹니다. 국회 의정활동을 통해 '불평등과 격차 해소를 위한 공정사회의 대안' 관련 법안과 그동안에 논의한 것을 중심으로 엮었습니다.

현실의 벽은 견고합니다. 지나치게 급격한 변화는 오히려 역풍과 역효과에 휘말릴 수 있습니다. 그래서 '상인적 현실감각'이 필요한 듯합니다.

저는 교육 격차를 '줄이고' 교육 기회는 '늘리기' 위해 「기초학력보장법」 법안을 발의했고, 국회 본회의를 통과시켰습니다. 제가 국회의원으로서 발의한 제 1호 법안인 만큼 신중하게 접근했고, 노력을 더했습니다.

능력 지상주의, 학벌주의로 인한 폐해를 시정할 수 있는 방안도 모색했습니다. 우리 사회를 총체적으로 대변하는 문제이므로 반드시 시정해야 합니다. 다만, 난관이 만만치 않습니다. 중론을 모아 얽힌 실타래를 풀 듯 하나하나 풀어나가는 끈기와 지혜가 필요합니다.

우리나라에서 교육정책은 '대학 입시'가 중심입니다. 교육은 후속세대의 재생산과 관련이 있는 만큼 당연한 측면이 없지 않습니다. 하지만 교육에서 소외된 소수자 정책과 배려는 지나치게 소홀히 한 측면이 있습니다. 문해가 어려운 어르신과 교육 기회를 누리는 데 불리한 장애인이 대표적인 소수자입니다. 이분들에 대한 대책을 모색해 봤습니다.

윤석열 정부는 시급히 해결해야 할 교육 문제가 산적한 현실에서 엉뚱하게도 초등학교 입학 나이를 만 5세로 낮추자는 방안을 들고나왔습니다. 저는 이 안이 대다수 국민 여론을 외면한 채 준비가 안 된 상태에서 발표한, 엉성한 안이라는 판단에서 문제점을 지적했습니다. 그러면서 도입 저지를 위해 앞장서서 노력했는데, 결국 정부는 이 안을 없던 일로 철회했습니다.

이 밖에도 전문대 활성화, 출신학교를 차별하는 대입 제도 개선, 지역 균형발전을 위한 지역대학 육성과 폐교 대책, 자사고의 일반고 전환 및 고교학점제 등의 고교교육 정상화, 대학의 고질적 병폐인 강사 처우 개선 문제 등의 의정활동 기록을 담았습니다. 정책집을 포함한 여러 대안도 함께 수록했습니다.

1. 「기초학력보장법」 법안 발의

「기초학력보장법」 법안은 제가 국회의원이 되고 나서 대표로 발의한 제1호 법안입니다. 우리나라는 대학 진학률이 70~80%가 넘어 세계에서도 손꼽는 나라 가운데 하나입니다. 아울러 '학벌사회', '능력 지상주의 사회'가 지배하는 대표적인 나라입니다. 이러한 현실에서 학창 시절에 기초학력을 갖추지 못하면 평생 힘든 삶을 살아갈 가능성이 높은 것이 사실입니다. 반면에 대한민국은 선천적인 장애로, 혹은 가정 형편이 어려워서 기초학력에 미치지 못하는 학생이 많은 나라이기도 합니다.

기초학력 보장은 인간다운 삶을 영위하게 하는 최소한의 안전망입니다. 궁극적으로는 능력주의나 학벌주의의 폐해를 줄여나가는 것이 필요하지만, 이와는 별개로 기초학력을 보장할 수 있는 제도적인 장치가 있어야 합니다.

우리나라에서 대입은 곧잘 전쟁에 비유합니다. 학교는 대입을 위한 전쟁터라는 인식이 널리 퍼져 있습니다. 학교 교육은 단일한 하나의 방식으로만 운영하고, 학습 진도는 대입을 위해 계속 앞으로만 나아갑니다. 쫓아오지 못하는 학생을 위한 배려나 장치는 전혀 없는 실정입니다. 이 때문에 한 번 학력 경쟁에서 밀리면 회복이 거의 어렵습니다.

기초학력 보장은 문재인 정부의 국정과제 중 하나였습니다. 배우는 과정에서 소외되는 학생이 없도록 정부와 시도교육청 차원에서 지원하는 '두드림학교'를 비롯해 기초학력 진단-보정 시스템 등의 기초학력 보장을 위한 다양한 지원 사업과 제도 등을 마련했으나 현재로서는 이를 뒷받침할 법적 근거가 충분하지 않은 상황입니다. 이에 따라 저는 기초학력 보장을 위한 종합적인 계획 수립을 비롯해 학습지원 대상 학생의 기초학력을 보장하는 체계적이고 종합적인 법적 근거를 마련했습니다.

전국민 기초학력 보장 '법적 근거' 생겼다

2020. 06. 19. | 경인일보

전국민 기초학력 보장 '법적 근거' 생겼다

강득구, 1호 법안 '대표발의'

교육격차 해소·안전망 구축

더불어민주당 강득구(안양만안) 의원은 18일 21대 국회 1호 법안으로 '기초학력 보장법안'을 대표 발의했다.

이 법안은 기초학력 보장을 위한 종합계획 수립을 비롯해 학습지원 대상 학생의 기초학력 보장을 위한 체계적이고 종합적인 법적 근거를 담았다.

기초학력 보장은 문재인 정부의 국정과제 중 하나다. 배움의 과정에서 소외되는 학생이 없도록 정부와 시도교육청 차원에서 두드림학교, 기초학력 진단·보정 시스템 등 기초학력 보장을 위한

다양한 지원 사업과 제도를 마련하고 있지만, 현재 이를 뒷받침할 법적 근거가 충분하지 않다는 것이 강 의원의 설명이다.

강 의원은 "최근 국가수준 학업성취도 평가 결과에 따르면 기초학력 미달 비율도 5년 전에 비해 전반적으로 높게 나타나고 있다"며 "교육격차 해소와 교육 안전망 구축을 위한 기초학력 보장이 시급한 실정"이라고 지적했다.

이어 "학생의 기초학력 보장은 국가 차원의 중요한 책무"라며 "앞으로도 기초학력 보장을 비롯해 교육격차 완화를 위한 입법과 정책적 노력에 힘쓸 것"이라고 말했다.

/김연태기자 kyt@kyeongin.com

(11.8*9.6)cm

「기초학력보장법」법안이 교육받을 기회를 보장하는 제도적인 장치가 됐으면 좋겠습니다.

2. 능력 지상주의, 학벌주의

우리나라는 세계에서 유래가 없을 정도로 단기간에 산업화·민주화라는 두 마리 토끼를 잡는 데 성공했습니다. 높은 교육열이 크게 공헌했습니다. 그러나 산이 높으면 골이 깊어지듯 지나친 교육열은 성과·결과에 집착하는 학벌주의 사회 풍토라는 골을 깊게 패게 했습니다.

산업화의 성공은 계층 격차를 굳어지게 했으며, 이렇게 된 계층구조는 학벌을 통해 재생산되고 있습니다. 이제 우리는 교육이 무엇이며, 무엇이되어야 하는지 새삼 고민하지 않을 수 없는 지점에 와 있습니다. 의대, SKY, 인서울, 수도권, 그리고 명칭부터가 반교육적인 지잡대라고 하는, 일련의 서열은 마치 반상사회(양반·평민·노비)가 현대적으로 부활한 것처럼 보이게 합니다. 대학서열은 스무살 청년들의 골품이자 호패처럼 작용하고 있습니다.

누구나 불편해하면서도 누구도 비껴가지 못하는 이 현실, 이제는 바꿔나가야 합니다. 교육열이 가장 비교육적인 결과를 낳는 아이러니가 계속해서 이어지게 방치할 수는 없습니다. 차별의 첫 단추는 출신 학교

강득구, '출신학교 차별금지법 입법 토론회' 성료

2020. 11. 26 | 인천일보

강득구 "출신학교 차별금지 법제화… 학벌사회 타파"

국회 교육위원회 소속 강득구 의원(더불어민주당, 경기도 안양만안)은 지난 24일 국회 의원회관 대회의실에서 '출신학교 차별금지법 도입을 위한 입법 토론회'를 박완주·안호영·오영훈·서동용·윤영덕 의원, 사교육걱정없는 세상 등과 함께 공동주최로 개최했다고 25일 밝혔다.

이날 토론회는 사교육걱정없는세상 홍민정 공동대표의 '출신학교 차별금지법 입법에 대한 의견과 논의'를 주제로 한 발제를 시작으로, 김상봉 전남대 철학과 교수가 좌장을 맡고 국가인권위원회 박한우 조사관, 최영이 학부모, 대학교육협의회 고등교육연구소 백정하 소장, 최지은 취업준비생, 고용노동부 김영중 노동시장정책관, 교육부 김문희 정책기획관이 참여하는 토론이 이어졌다.

발제자인 사교육걱정없는세상 홍민정 공동대표는 대학 의료원과 시중은행 채용에서의 출신학교 차별 사례를 언급하며 로스쿨, 군 단위 지자체 장학재단의 특정 대학 진학 장학금 지급 관행과 진학실적 홍보 현수막 등 학교서열화를 조장하는 언론 사례 등을 발표했다.

토론에서는 국가인권위원회 박한우 조사관이 국가인권위원회의 학력차별 권고 의견표명 사례를 발표했으며, 최영이 학부모는 대한민국 사회에 만연한 학벌주의로 인해 아이와 부모, 사회 전체가 행복하지 않다고 언급했다.

한국대학교육협의회 백정하 고등교육연구소장은 지난 20대 국회에서의 출신학교 차별금지법 제정 과정에서의 주요 쟁점들을 지적하며 법 제정의 실효성을 높이기 위해 민간기업의 역량과 교육기관의 역할을 점검하고 대안을 제시할 필요가 있다고 강조했다. 최지은 취업준비생은 '인서울' 대학 선호의 문제점과 취업 준비 과정에서의 출신학교 차별 경험을 밝혔다.

고용노동부 김영중 노동시장정책관은 현재는 고용정책기본법을 통해 이유 없는 출신학교 차별을 금지하고 블라인드 채용 확산을 위해 홍보 및 감독을 실시하고 있다고 언급했다. 교육부 김문희 정책기획관은 특정 학교 차별 문제를 해결하기 위해 우리 사회의 전반적인 제도개선과 인식 전환이 함께 이뤄져야 한다고 강조했다.

이번 토론회에 관련하여 강득구 의원은 "출신학교에 대한 차별금지 제도화를 통해 학벌이 사회적 성공을 판가름하는 풍토를 타파해야 한다"며, "21대 국회에서 출신학교 차별금지법을 반드시 제정하여, 입시 위주의 교육과 학벌 위주의 채용 간의 악순환 고리를 끊을 수 있기를 바란다"고 말했다.

/남창섭 기자 csnam@incheonilbo.com

(13.8*14.8)cm

입니다. 첫 단추를 잘못 끼워서는 교육개혁이라는 옷을 제대로 입을 수 없습니다. 법으로라도 출신 학교에 대한 차별을 금지하는 방안을 모색하는 것이 필요합니다.

제가 국회에서 「출신학교 차별금지법」을 반드시 제정하여 입시 중심의 교육과 학벌 위주의 채용으로 이어진 악순환의 고리를 끊을 수 있도록 노력하겠습니다.

3. 성인 문해교육과 장애인 평생교육

교육받을 기회가 없었습니다. '까막눈'이란 말은 사회적 차별이자 당사자에게 가해졌을 고단한 삶을 상징합니다. 여전히 적지 않은 국민이 읽고 쓰기가 힘든 상태입니다. 제 어머니가 그렇습니다. 이분들에게는 문해교육이 필요합니다. 대체로 연세가 많은 이런 분들에게 글을 읽고 쓸 기회를 제공하는 것은 국가의 책무입니다.

장애인은 이와는 좀 다른 의미에서 평생교육이 필요합니다. 장애로 교육 기회가 제한되고 교육의 혜택을 누리기가 힘들어서는 안 됩니다. 더 많은 지원을 계속해야 합니다.

아시아인 최초의 노벨상 수상자인 아마르티아 센(Amartya Sen)은 인도계 경제학자이자 철학자입니다. 그는 각자에게 필요한 삶의 '역량'을 개

국가평생교육원과 함께 문해교육기관 방문

발할 수 있게 해주어야 한다고 주창했습니다. 장애인의 역량 개발에는 비장애인보다 비용이 더 듭니다. 센의 말대로라면 장애인에게는 더 큰 비용을 투여해서라도 교육과 역량 강화를 위한 지원을 해야 합니다. 그것이 정의로운, 바른 사회이기 때문입니다. 장애인이 살기 좋은 사회는 장애인만 살기 좋은 사회가 아니라 우리 모두 살기 좋은 사회일 것입니다. 장애인 평생교육의 보장은 그런 사회로 나아가는 출발점이 될 것입니다.

4. 만 5세 입학 정책

 윤석열 대통령이 갑자기 초등학교 입학 나이를 만 6세에서 5세로 낮추라는 지시를 내립니다. 윤 대통령은 교육부 장관, 국가교육위원회 등 교육 관련 요직에 부적격한 인사를 연이어 지명합니다. 국회의 반대에도 아랑곳하지 않고 임명을 강행합니다. 인사를 보면 대통령의 교육관이 과연 무엇인지 우려하지 않을 수 없습니다. 우리 교육의 앞날을 고민하는 생각이 조금이라도 있는 것인지 의심하지 않을 수 없는 상황입니다. 우리 교육을 퇴행으로 이끌 가능성이 농후한 인물을 요직에 앉히는 것으로는 모자랐는지, 설상가상으로 초등학교 입학 나이를 낮추라는 뜬금없는 지시를 내린 것입니다. 사회적 합의도 야당과의 사전 협의도 전혀 없었습니다. 다행히 저와 더불어민주당, 학부모, 교직원, 교육 관련 시민단체 등이 총력으로 합심해 저지할 수 있었습니다. 사필귀정이 아닐 수 없습니다.

만5세아 발달 무시! 교육주체·국민 무시! 사회적 합의 전무! 윤석열 정부의 만5세 초등학교 입학연령 하향 추진 철회하라!

만5세 초등학교 입학연령 하향 철회 촉구 기자회견

지난 7월 29일, 박순애 교육부 장관은 대통령 업무보고에서 '만5세 초등학교 조기취학 학제 개편안'을 추진하겠다고 밝혔습니다. 하지만, 너무도 갑작스럽게, 졸속으로 발표된 이번 정부 정책은 학부모님은 물론 교육현장과 국민 모두에게 너무 큰 사회적 혼란을 일으켰습니다. 대통령 업무보고에 담긴 이 정책에 대해 다음과 같은 문제들을 다시 한번 지적하지 않을 수 없습니다.

첫째, 정부는 만5세 영유아의 발달과정을 철저히 무시했습니다. 지금도 초중등교육법 13조에 따라, 학부모가 원할 경우 만5세 유아의 조기 입학이 가능합니다. 하지만, 이미 오래전부터 학부모들은 조기 입학을 한 우리 아이들의 학교 부적응, 스트레스 등의 상처를 직접 경험했습니다.

학부모들은 만5세 아이들에게 '학습'보다는 '정서 발달과 사회적응 능력'을 키우는 것이 너무 중요하다는 사실을 잘 알고 있습니다. 이 것은 아이를 키워보거나 아이를 가르치는 사람들에게는 상식 중의 상식입니다. 이 정책이 추진되었을 때, 교육현장에서는 발단단계에 맞지 않는 교육환경으로 인해, 아이들이 받게 되는 심리적·정서적 문제 등 부작용에 대해서도 깊은 우려를 표하고 있습니다.

둘째, 정부는 이렇게 중요한 사안에 대해 교육주체는 물론 국민 전체를 완전 배제시켰습니다. 대통령 업무보고 내용이 발표되기 전, 학생, 학부모, 교직원은 물론 전국시도교육감협의회와 단 한 차례 협의도 없었습니다. 달라진 시대에 우리 아이들을 위한 교육자치의 발걸음을 한 해 두 해 힘겹게 내디디며 왔는데, 윤석열 대통령과 박순애 교육부장관은 찬물을 확 끼얹졌습니다. 학부모 단체 누구와도, 교원단체 누구와도, 교육청 누구와도, 대학 관계자 누구와도, 전문가 집단 누구와도 소통이 없었습니다. 완벽한 국민 패싱입니다.

셋째, 정부는 교육의 중요한 정책을 결정하는 데 있어서 연쇄 반응과 작용을 전혀 검토하지 않았습니다. 초등학교 입학연령 하향은,

만 5세 초등학교 입학 추진 철회를 위한 토론회

단순히 아이들이 학교에 1년 일찍 입학하는 문제를 넘어서서 많은 문제를 초래합니다.

우선, 교원과 교실 부족 문제가 심각해질 수 있습니다. 특히, 신도시 과밀학급 문제는 필연적으로 발생할 것입니다. 더 나아가, 아이들을 일찍이 경쟁교육과 사교육으로 내몰아 교육불평등이 심화될 것입니다.

만5세 대비 사교육은 물론 만5세 영어·수학 사교육, 만5세 영재학교·자사고 대비 사교육 등은 입시구조가 있는 한 사교육 폭증은 불 보듯 뻔합니다. 발표 이후, 벌써 만5세 사교육시장이 열리고 있다고 전해지고 있습니다.

25%에 해당하는 8만 명씩 우리 아이들이 초등학교에 먼저 갔을 때, 12년 후, 16년 후 입시와 취업 경쟁 시 벌어질 불공정의 문제, 버림받은 세대의 문제 등도 향후 엄청난 사회 부담으로 다가올 것입니다.

사회 조기 진출로 결혼 연령이 낮아져 출산율 증대로 이어진다는 주장은 과학적이기보다 낭만적인 바람에 가깝습니다. 지금까지의 출산율 대책이 백약무효였다는 점을 다시 한번 상기해보아야 합니다.

윤석열 정부와 박순애 장관의 교육부는 이 정책을 발표할 때, 충분한 연구 검토와 청사진을 전혀 준비하지 않았습니다. 부작용을 최소화하기 위한 시뮬레이션과 연쇄 효과에 대한 검토도 없었습니다.

어제 3일, 강득구 의원실은 이에 심각성을 느끼며, 지난 8월 1일~3일까지 전국의 학생·학부모·교직원 등 총 13만1천70명을 대상으로 설문조사를 진행했습니다. 그 결과, 초등학교 입학연령 만5세 하향 정책의 동의 여부를 묻는 질문에, 응답자의 97.9%가 이 정책에 '동의하지 않는다'고 답했습니다. 또한, 정책 추진 정당성에 대해서도 응답자의 98%가 '동의하지 않는다'고 답했습니다.

이처럼, 국민들의 걱정과 논란이 점점 커지자 박순애 교육부 장관은 계속 말을 바꾸고 있습니다. 4년에 25%씩 보낸다고 했다가, 1개월씩 12년에 거쳐 보낸다고 바꿨습니다. 목표 불변이라고 했다가, 대국민 설문조사를 하겠다고 했습니다. 출범하지도 못하는 국가교육위원회에서 공론으로 추진하겠다고 했다가, 정책 폐기도 가능하다고 바꿨습니다.

또한 이번 정책 추진을 하면서 산업인력 확대라고 접근했다가 말을 바꿔 교육불평등과 교육격차 해소라고 했습니다. 공식화가 어느 순간 공론화로 바뀌었습니다. 어제 학부모간담회에서는 '집회를 안 하셨으면 좋겠다', '우려하는 부분 대충 정리되고 있다'는 실언도 했습니다. 박순애 장관은 '정책을 폐기할 수 있다'고 했는데, 장상윤 차관은 '정책 폐기는 너무 나간 일'이라고 합니다. 이 와중에 장관은 내년 3월까지만 있겠다고 발언했다고 합니다.

이런 말바꾸기! 엇박자! 실언! 정말 학부모들과 국민들을 화나게 합니다. 정부 신뢰를 바닥까지 떨어뜨렸습니다.

교육을 흔히 국가의 백년지대계라고 합니다. 국가와 사회 발전의 초석이 되는 중요한 사안에 대해서, 정부는 '선 발표, 후 의견수렴'을 하겠다며 이제 와서 뒤늦게 수습을 시도하고 있습니다. 이제서야 형식적인 대화에 나서고, 공론을 거친다는 말은 사후약방문이자 소 잃고 외양간 고치는 식입니다.

사회적 합의나 공론화가 전혀 없던 민감한 학제 개편안을 일방적으로 발표하고, 논란이 예상외로 거세지자 며칠 만에 입장을 바꾸는 정부를 국민들께서 어떻게 신뢰할 수 있겠습니까? 대책 없는 주먹구구식 교육 정책으로 인해, 교육 현장의 혼란만 가중되고 있습니다. 그리고, 그 피해는 우리 아이들과 학부모, 교직원에게 고스란히 돌아가고 있습니다.

윤석열 대통령이 최고로 훌륭한 인사라면 치켜세웠던 인사가 박순애 교육부장관입니다. 하지만 현재 어떻습니까? 인사청문회도 하지 않고, 여전히 만취운전, 논문 중복 게재, 제자 논문 가로채기, 입시 컨설팅과 학생부 기록, 대학 갑질 논란 등은 계속되고 있습니다.

이번 사건에서 보았듯이, 많은 국민들께서 우려했던 '교육 관련 전문성 없는 교육부 장관'의 한계가 취임 한 달 만에 여실히 드러났습니다. 본인에게 제기된 신상 문제와 도덕성 의혹, 그리고 교육에 대한 전문성과 실력이 턱없이 부족한 장관에게 우리 아이들과 교육개혁의 미래를 맡길 수 없습니다.

윤석열 대통령과 박순애 교육부장관은 이제라도 이번 사건을 직접 철회하고, 교육주체들과 국민들에게 사과해야 할 지점까지 왔다고 봅니다. 이에 우리는 다음과 같이 요구합니다.

하나. 정부는 만5세 초등학교 입학 연령 추진을 즉각 철회하라.

둘. 정부는 2018년부터 2022년생 학부모들에게 직접 사과하라.

셋. 정부는 학생, 학부모, 교직원을 포함한 교육주체와 국민들에게 사과하라.

감사합니다.

(2022. 8. 4. 국회의원 47명 일동, 만5세초등취학저지를위한범국민연대 46단체 일동)

1개월도 내다보지 못한
윤석열 정부의 백년지대계

박순애 장관이 결국 경질됐다. 스스로 사퇴했다고 하지만 무능과 독선에 대해 국민이 명령한 심판이라고 봐야 옳다.

흔히 교육을 '백년지대계'라고 말한다. 교육의 궁극적인 목적은 현재를 딛고 일어서는 미래 희망의 좌표라는 의미의 말일 것이다. 교육은 인간 개개인의 삶은 물론이고, 사회와 국가를 구성하고 지탱하는 근간이자 힘의 원천이다. 그만큼 한 국가의 교육정책은 철저하게, 그리고 충분히 숙고하고 연구해야 한다.

결론부터 말하면, 윤석열 정부는 시작부터 한국 교육을 난도질하고 말았다. 애초에 박순애 전 장관은 임명해서는 안 되는 인사였다. 교육계 수장으로서 정책 능력과 행정 경험은 고사하고 도덕적으로 문제가 많고, 교육자로서도 매우 부적절한 삶을 살아왔다. 음주운전, 논문 표절과 중복게재, 이것으로도 모자라 제자의 논문을 가로채고, 자녀에 대한 입시컨설팅과 각종 갑질 의혹으로 가득했다. 이런 사람을 윤석열 대통령은 '훌륭한 인물'이라고 극찬하면서 임명을 강행했다. 윤석열 정권의 인사 검증이 얼마나 허술하고 엉터리인지 대통령 스스로 증명한 셈이 되고 말았다.

부실한 부적격 인사가 장관이 됐다고 해서 느닷없이 달라질 리 없다. 취임과 함께 단 한 번의 공론화 과정도 없이 '만 5세 초등 취학'이라는 정책을 발표했다. 당사자인 학부모와 교원에 대한 의견 수렴도 없는 일방적인 통고였다. 아이의 발달단계, 학부모 입장, 교육 현실 등에 대한 이해가 전혀 없는 전형적 탁상행정이었다. 결국 교육계는 말할 것도 없고 나라 전체를 혼란에 빠트리고 말았다.

'강득구의원실'에서는 이 일이 있자마자 교육 주체를 대상으로 '초등학교 만 5세 입학 연령 하향 관련 설문조사'를 진행했다. 정책을 반대하는 의견인 '동의하지 않는다.'라는 답이 최종 응답자 65만 2760명 중 61만 8080명(94.7%)이었다. 절차의 정당성 질문에도 94.4%의 응답자가 '동의하지 않는다'고 밝혔다. 대한민국 역사상 정부의 정책에 이처럼 거의 모든 정책 관계자가 반대하고 문제로 삼은 것은 아마 전무후무할 것이다. 준비되지 않은 정권, 준비 안 된 국무위원이 보여 준 불안한 국정운영의 민낯을 여과 없이 노출하고 말았다.

꼬리 자르기 식으로 박순애 장관을 경질한 것이 문제를 해결하는 본질이 아니다. 더 큰 문제는 윤석열 정부의 교육에 대한 철학 부재와 무능이다. 현재 한국 교육은 백년지대계는 고사하고 눈앞에 닥친 '입시경쟁'에 내몰려 있다. 초중고는 물론이고, 심지어 유아교육에서부터 대학 입시를 정조준하고 있다. 대학은 또 어떤가. 지방대 소멸 위기가 코앞이다.

학교와 학생은 서열화하고, 조금이라도 피라미드의 꼭대기를 차지하려고 애를 쓴다. 아이의 인격과 자유, 누리고 살아가야 할 재능과 창의력이 가벼이 무시되고 사장되고 만다. 혹독한 경쟁 속에 내몰려 상위 10%가 되지 못하면 패배자 딱지가 붙는다. 90%의 아이가 어른이 되기도 전에 '인생 루저'라는 낙인 때문에 지친 삶을 스스로 포기하기 일쑤다. 아무리 '노오력'해도 사회 주류에 편입될 수 없는 구조적 현실에 치여 자포자기의 아픈 청춘을 연명하는 것이다.

지금 대한민국의 아이는 일찍 배우지 못하거나 적게 배워서 문제가 아니다. 자유롭게 놀지 못해서, 경쟁이 아닌 배려와 우정을 나눌 친구가 없어서, 자신이 하고 싶은 일을 마음껏 할 수 없어서 문제다. 언제까지 우리 아이에게 공부로 시작해서 공부로 끝나는 경쟁교육을 강요할 것인가. 기성세대가 만든 성공 메타버스에 우리 아이를 공부하는 아바타로 정체성을 잃게 할 것인가.

윤석열 정부의 교육에 대한 몰가치를 현장에서 지켜보면서 개탄을 넘어 걱정이 앞선다. 갈수록 사회 양극화와 교육 불평등이 심화하는 현실에서 벗어나려면 취학 나이 하향이라는 학제 개편에 답이 있는 것이 아님을 알아야 한다. 어떻게 양극화를 해소하고 불평등한 구조적 격차를 줄일 수 있는 정책을 펼 수 있을지 대안을 모색하는 것이 우선이다.

유아 보육의 격차를 줄이기 위한 방안의 한 가지를 예로 들자면, 만 3세와 만 4세 무상교육을 늘리면서 공교육의 질을 높여나가는 것이 시작일 수 있다. 지금 우리 교육구조를 그대로 둔 채 나이만 낮춘다는 것은 눈앞의 소도둑은 놔둔 채 외양간만 고치려 드는 어리석은 발상이다. 학제 개편은 아동의 발달단계에 대한 면밀한 검토와 학교와 학급별 변화 과정에 대한 개편을 동시에 진행해야 한다.

많은 학자는 인류의 진화 단계에서 불의 사용이 가장 큰 역할은 했다고 말하지만, 불을 문명의 이기로 전환하는 데 필수 불가결한 요건이 협력이다. 우리 교육은 불을 함께 다스리는 지혜를 가르쳐야 한다. 그런데 윤석열 정부는 불을 크게 붙이는 것만 능사인 줄 아는 것 같다. 교육은 협력과 배려와 나눔을 가르치는 일이다.

(2022. 8. 9. 이투데이 정책발언대)

5. 교육 이슈 점검과 대책

전문대학 활성화 중요

저출산으로 대학 자체의 존립이 위협받고 있습니다. 이런 상황에서 전문대학의 사정은 더욱 어렵습니다. 그런데도 교육정책에서 전문대학 관련 정책은 뒷순위로 밀려나고 있습니다. 교육의 다양성 측면에서, 교육을 통한 다양한 진로 기회의 보장 측면에서 전문대학의 중요성을 결

언론보도

강득구, '전문대학 산학연 협력 활성화' 국회 포럼 개최

2020. 11. 09. | 중부일보

강득구 더불어민주당 의원(안양만안)이 9일 국회의원회관 제1세미나실에서 '전문대학 산학연협력 활성화'를 위한 국회 포럼을 개최한다. 강 의원에 따르면 이날 포럼은 제4차 국가산학연협력위원회 '산업교육 및 산학연협력 기본계획(2019~2023)'과 관련해 전문대학의 현실에 맞는 산학연협력 활성화 방안을 모색하기 위해 마련된 자리다.

기조강연에서는 이병헌 중소기업연구원장이 '중소기업과 전문대학 간의 산학협력 추진방안'을 주제로 발표한다.

이어 김종우 한국직업능력개발원선임연구위원이 '전문대학 인재양성', 오상기 경기과학기술대학교 산학협력단장이 '전문대학 LINC+', 조희래 국가과학기술심의위원이 '전문대학 기술이전 및 사업화', 류선종 N15 대표가 '전문대학 창업' 등을 주제로 부문별 발표를 진행한다.

이진원기자

(10.3*8.3)cm

코 가볍게 여겨서는 안 됩니다. 이런 문제의식에서 전문대학이 지니는 특성과 장점을 활용해 산학연 협력 활성화 방안을 모색해 보았습니다.

대학 입시에서 출신 고교 차별 시정

고교교육에서 주축을 이루는 정책이 평준화입니다. 그렇지만 자사고, 외고·국제고·과고, 영재학교 등을 양산함으로써 평준화 정책은 의미를 상실해 가고 있습니다. 대학은 출신 고교를 서열화해 입시에 반영하고 있습니다. 일반고도 서울 강남 등 특정 지역 고교 출신을 선호합니다. 이를 막기 위한 대책으로 '대입 고교정보 블라인드 정책'을 2020년부터 도입한 바 있습니다. 교사를 대상으로 이 정책에 관한 인식을 조사했습니다.

'대입 고교정보 블라인드 정책'에 대한
인식조사 결과 발표

강득구 더불어민주당 국회의원, '사교육걱정없는세상', '교육정책디
자인연구소'는 오늘(2021.3.17) 2020년 대입부터 시행한 '대입 고교
정보 블라인드 정책'에 관한 교사 인식 조사 결과 발표 기자회견을
개최하게 됐습니다.

'대입 고교 정보 블라인드 정책'은 고교 유형 및 출신 고교의 후광 효
과, 즉 고교 서열이 대입 결과에 불평등을 일으키는 문제를 바로잡
기 위해 2020부터 시행한 정부 정책입니다. 부모의 경제적 배경이 영
재학교·특목고·자사고로 대변되는 소위 특권학교를 통해 자녀에
게 대물림되고, 특권학교의 후광이 고스란히 대학 서열로 이어지는
우리 사회의 문제를 해결하기 위해 첫걸음을 뗀 것으로 봐야 할 것
입니다.

저희는 교육 불평등 해소 차원에서 시행한 정책 효과와 관련, 현장
인식을 살피기 위해 일반고 고3 학생과 진학 부장으로 대입을 경험
한 교사는 해당 정책을 어떻게 인식하고 있는지 조사할 필요가 있다

고 판단했습니다. 이에 전국 17개 시도교육청 산하 일반고를 인구 비율에 따라 표본으로 추출해 총 151개교의 2020학년도 고3과 진학 부장 교사를 대상으로 2021년 2월 24일부터 3월 10일까지 '대입 고교 정보 블라인드 정책에 대한 인식 조사'를 실시했습니다.

주요 조사 결과는 다음과 같습니다. '정책의 도입 취지에 공감하느냐'는 질문에 응답자의 41.5%가 '매우 그렇다', 44.3%가 '그렇다'고 응답해 총 85.9%가 정책 취지에 공감하는 결과가 나왔습니다. 다시 말해 일반고 교사 10명 중 9명은 대학 입시에서 고교 정보를 블라인드 하는 것이 출신 고교의 후광 효과를 차단하기 위해 필요하다는 의견이었습니다.

정책의 효과 질문에는 응답자의 62.4%가 '효과 있었다'('매우 그렇다(74명)' 17.2%+'그렇다(195명)' 45.2%)고 응답했습니다. 이 수치는 22.5%로 나타난 '효과 없었다'('그렇지 않다(79명)' 18.1%+'매우 그렇지 않다(18명)' 4.2%)'는 응답의 2.8배에 해당하는 수치입니다. '잘 모르겠다'는 응답이 15.1%(65명)로 다른 조사 문항보다 높게 나왔지만, 정책의 효과가 있었다는 응답이 압도적으로 높게 나타났습니다.

한 가지 주목할 점은 소재지별(대도시, 중소도시, 읍·면 지역으로 구분) 분석 결과 읍/면(63.8%), 중소도시(61.7%), 대도시(52.9%) 순으로 정책 효과가 있었다고 응답한 비율이 높았습니다. 대입 고교 정보 블라인드 정책이 지역적 균형에도 의미 있는 결과를 가져올 가능성이 있다는 것을 보여주는 수치입니다.

'효과가 있었다고 생각하는 이유'에는 '학교 유형에 따른 선입견이 없어짐'이 42.6%, '학생이 고교 서열에 구애받지 않고 지원'이 35.7%로 나타났습니다. 이 두 항목을 합해 78.3%를 차지했다는 것은, 정책 목표인 출신 고교 후광 효과 차단에 긍정적인 영향을 미쳤다는 것을 의미합니다.

'효과가 없었던 이유(97명 응답)'로는 77.3%가 '블라인드를 해도 출신 고교 유추 가능'을 꼽았습니다. 이는 고교 서열 체제가 존재하는 한 그 후광 효과에 기대한 대학의 선발이 계속될 것으로 본다는 뜻입니다. 이러한 상황 타개를 위해 교육 당국은 고교 서열화 해소와 일반고 역량 강화 방안을 강력히 추진해야 할 것입니다.

정책의 개선 사항 질문에는 '자동 블라인드 시스템 도입(227명 응답)'이 52.7%로 1위였습니다. 2020년 정책을 처음 시행할 때 교사는 '나이스(neis)' 시스템에 접속해 고교 정보를 유추할 수 있는 자료를 직접 수정해야 했습니다. 이는 과도한 대입 경쟁이라는 현실 속에서 진학지도에 집중해야 할 때 교원의 행정업무를 가중하게 하므로 안 될 일이었습니다. 올해부터는 촘촘한 블라인드 처리 기준을 정한 자동 블라인드 시스템을 통해 정책을 안정적으로 추진하도록 도모하면서 공교육 내 진학지도를 내실화해야 할 것입니다.

저희는 이번 인식조사를 통해 부모의 경제적 배경에 따른 특권학교의 후광 효과가 대입 결과에 어떻게 영향을 미치는지 잘 알 수 있었습니다. 또, 조사를 통해 문제를 근본적으로 해결하고 교육 불평등을 해소하자는 현장의 공감대가 매우 크고, 대입 고교 정보 블라인드 정책 효과도 상당하다는 것을 확인했습니다. 저희는 단순히 인식조사에서 멈추지 않고 실제 대입 결과 분석을 통한 실태 조사를 추진해 정책이 안정적으로 추진될 수 있도록 이바지할 것입니다.

조사 결과, 첫 해 시행한 정책의 개선 사항도 확인했습니다. 교육 당국은 촘촘한 블라인드 기준에 따른 자동 블라인드 시스템을 도입해야 하며, 정책의 한계를 극복하기 위해 고교 서열화 해소와 일반고 역량 강화 방안을 내실 있게 추진해야 합니다. 국회 또한 정책의 일관성 있는 추진을 위해 「출신학교 차별 금지법」을 비롯해 교육

불평등을 근본적으로 해소할 수 있는 관련 법률 제·개정에 앞장설 것입니다.

(2021. 3. 17. 국회의원 강득구, (사)사교육걱정없는세상, 교육정책디자인연구소)

지역대학 육성과 폐교대학 대책 마련 시급

폐교하는 대학이 속출하고 있습니다. 서울에서 먼 거리에 있는 대학부터 문을 닫고 있습니다. 그런데 지역대학의 폐교는 단순한 문제가 아닙니다. 지역대학이 해당 지역에 미치는 경제적 영향이 지대하기 때문입니다. 해당 지역대학이 문을 닫으면 그나마 대학을 통해 유지되던 해당 지역의 경제가 무너집니다. 가뜩이나 지역을 떠나는 사람이 많고 유입되는 사람은 없는 상황에서 대학이 있는 지역은 그나마 명맥을 유지할 수 있었습니다. 그런데 그 핵심 고리인 대학이 문을 닫게 된 것입니다. 대책 마련이 시급합니다.

지방거점국립대의 경쟁력 강화를 위한 지원도 '발등의 불'인 상황입니다. 지방 국립대는 지방 사립대보다는 여러 가지로 나은 상황이었습니다. 그런데 점점 수도권 대학 선호 경향이 뚜렷해지면서 과거 명문대의 반열에 있던 대학도 그 지위가 흔들리고 있습니다.

폐교대학 대책과 지방거점국립대 육성 방안은 지역 균형발전의 시각에서 근본적인 대안을 마련해야 합니다. 이것이 제대로 이루어지지 않으면 지역 균형발전은 고사하고 지역 소멸 현상이 더욱 심해질 것입니다.

이에 2022년 10월 12일 전남대학교에서 열린 국회 교육위원회 국정감사에서, 저는 지방거점국립대 경쟁력 강화가 절실하다고 주장했습니다. 지방거점국립대는 학사 정원을 채우는 데는 문제가 없으나 합격선

등급이 계속해서 하락하고 있다고 지적했습니다. 지방거점국립대학교는 석박사 지원자가 계속 감소하는 추세입니다. 추가 모집을 해야 정원을 채울 수 있을 정도입니다. 저는 이를 극복하기 위한 방안으로 '지방대학 출신 교수 쿼터제' 도입을 제안했습니다.

지방 공공기관의 지역 인재 의무 할당량이 30%인데, 광주·전남·전북·제주는 채용 비율이 기준에 미치지 못하는 것도 지적했습니다. 수도권과 비수도권의 균형발전이 윤석열 정부의 공약인 만큼 적극적으로 고민해서 균형발전이 가능한 생태계를 만들어야 한다고 주장하고, 지방거점국립대를 비롯해 지방에 있는 대학의 절박함을 제대로 인식해 구체적인 로드맵을 마련하라고 촉구했습니다.

2023년 1월 9일, 사립대학 구조개선 지원과 폐교대학 소재 지역 국가 지원 등의 내용을 담은 「사립대학의 구조개선 지원에 관한 법률안」을 대표 발의했습니다.

학령인구 감소와 등록금 동결 등으로 사립대학의 재정 위기가 심화하고 있다는 목소리가 꾸준히 제기돼 왔습니다. 특히, 학령인구의 감소는 지방 소재 대학에 더욱 심각한 위기로 작용합니다. 실제로 '한국대학교육협의회'의 자료를 보면 2021학년도 대학 입시에서 전국의 대학이 채우지 못한 정원이 4만 586명(미충원율 8.6%)입니다. 이 가운데 3만 458명(75%)이 지방대의 정원입니다. 작년에도 전체 대학 정원 미달 인원 3만

1143명(6.7%) 중 2만 2447명(72%)이 지방대에서 나왔습니다. 결과적으로 지방 소재 사립대학의 폐교와 학교법인의 파산으로 이어질 것이라는 예측이 제기되는 대목입니다.

문제는 지방 소재 사립대학의 폐교가 단순히 학교법인의 파산에 그치는 것이 아니라 지역과 주민에게도 그 경제적 피해가 이어질 수 있다는 점입니다. 저는 '폐교대학 특별지원 지역 지정 등의 내용을 담은 이번 법률을 통해 국가가 폐교대학 소재 지역에 대한 책임을 다할 수 있기를 기대한다'라고도 밝혔습니다.

고교교육 정상화를 위한 특별 대책 필요

우리나라 교육정책의 처음과 끝은 대학입시 제도가 아닐까 합니다. 대학 서열이 사회적 서열을 결정한다고 할 정도로 대학 입시에 과도한 의미가 부여되고 있습니다. 수십 년간 고교교육 정상화가 거론되는 이유는 간단합니다. 대학 입시가 대학 서열로, 대학 서열이 사회적 서열로 이어지는 고리가 강고하다면 대학 입시를 둘러싼 줄세우기식 경쟁은 개선될 수 없습니다. 그리고 그 경쟁이 개선되지 않는 한, 고교교육 정상화도 가망이 없습니다.

궁극적으로는 사회구조 전반을 바꿔야 해결될 문제이기는 합니다. 그렇다고 현재의 비정상적인 고교교육의 현실을 방치할 수는 없을 것입니다. 일반고의 역량 강화를 위한 정책은 자사고 등의 일반고 전환에서 출발하며, 자사고 제도를 도입하면서 내세웠던 교육과정의 자율화는 고교학점제가 추진되면 일반고를 통해서도 실현될 수 있다는 점을 역설했습니다.

이미 언급했듯이 대학 입시가 우리나라 교육 문제의 근원이라는 점은 누구나 공감할 것입니다. 그렇지만 대학입시 제도가 여러 문제를 낳는다고 해서 즉흥적으로 바꾸면 더 큰 혼란을 일으킬 것입니다. 그런데 윤석열 대통령이 현행 대입제도의 근간인 수능과 관련해 부적절하게 발언함으로써 전국의 중고생, 학부모, 교직원 등 거의 모든 국민을 혼란에 빠지게 했습니다. 대통령이 교육 문제에 관심을 두고 정책대안을 수립해 내놓는 것은 당연하고도 바람직합니다. 그런데 심각한 고민의 흔적도, 여러 변수와 영향 요소에 대한 고려도, 학생과 학부모 교직원에 대한 배려도 전혀 보이지 않는 즉흥적인 발언을 내놓았습니다. 그것도 교육 문제 전반이나 구조적인 문제가 아니라 수능 출제라는 즉각적이

강득구, '고교 서열화 해소 정책 토론회' 성료

2021. 04. 22. | 중부일보

강득구 '고교서열화 해소' 온라인 토론회 개최

강득구 더불어민주당 의원(안양만안)은 20일 오후 3시 온라인 생중계를 통해 '고교서열화 해소 정책 어디까지 왔나' 토론회를 개최했다. 이날 토론회는 (사)사교육걱정없는세상이 공동으로 주최했고, 김태훈 정책부위원장이 사회를 맡았다.

강 의원은 이날 간담회에서 "줄 세우기식 경쟁 교육을 더 이상 방치해서는 안 된다"며 "고교서열화가 그동안 큰 사회문제가 돼 왔고, 흔히 말하는 명문고 입학을 위해 초등학교부터 과도한 학습에 시달리고 있는 우리 아이들을 위한 특단의 대책이 필요하다"고 강조했다. 발제를 맡은 구본창 사교육걱정없는세상 정책국장은 "2020학년도 고

교유형별 서울대 입학 비율의 차이를 분석한 결과 영재학교와 일반고의 격차가 113배에 달했다"고 밝혔다.

자율토론에선 김진훈 좋은교사운동 정책위원이 "법원이 자사고 입장에만 귀 기울이는 형식적·절차적 논리에 집착하는 것에서 벗어나야 한다"고 강조했다.

이용우 민변 교육청소년위원회 변호사는 법원의 행정소송 판결에 대해 "공익 관점의 필요성을 쉽게 간과하고 기득권을 옹호한 결과"라고 지적했다.

이진원기자
(11.3*9.8)cm

고 구체적인 사안에 대해서 말입니다.

대통령은 국정 전반의 큰 틀에서 봐야 합니다. 교육 문제로 좁히더라도 교육과 관련한 방향 제시와 같은 큰 틀에서 언급해야 합니다. 이런 문제는 안 되니 저런 문제를 내라고 이야기해서야 되겠습니까? 답답합니다.

윤석열 대통령 '수능 발언' 관련 교육 주체 설문조사 결과 발표 기자회견

윤석열 대통령의 '수능 발언'과 관련해 교육 주체 1000여 명을 대상으로 한 설문조사 결과를 발표하고자 이 자리에 섰습니다. 윤석열 대통령은 2023년 6월 15일, 수능 출제와 관련해 "학교 수업에서 다루지 않는 내용은 출제에서 배제하라"고 언급했습니다. 나아가 윤 대통령은 수능 담당 교육부 국장을 문책성으로 대기발령하고, 출제기관인 한국교육과정평가원을 총리실과 합동 감사하겠다고 밝혔습니다. 2023년 6월 19일에는 교육과정평가원장이 전격 사임하는 사태까지 벌어졌습니다.

오늘로 수능이 140일 정도밖에 남지 않은 중요한 시점에서 오랜 시간 수능을 준비해 온 학생과 학부모를 포함한 교육 현장에서는 큰 혼란과 불안에 빠졌습니다. '4년 예고제'라는 「고등교육법」을 대통령이 지키지 않았다는 지적도 잇따랐습니다. 장상윤 교육부 차관은 2022년 9월 「킬러문항 방지법」에 반대했다가 지금은 찬성으로 완전히 바뀌어 큰 비판을 받고 있습니다.

이에 '강득구의원실'은 2023년 6월 15일부터 23일까지 약 열흘에 걸쳐 전국의 교직원, 중·고등학생, 학부모, 그리고 시민을 대상으로 의견 수렴을 위한 온라인 설문조사를 실시했습니다. 설문에 참여한 교육 주체는 총 1222명으로 학부모 41.7%, 교직원 34.5%, 시민 14.1%, 학생 9.8%였습니다.

설문조사 결과는 다음과 같습니다. '수능이 5개월 남은 이 시점에서 대통령의 발언이 적절했는지'에 대한 질문에 응답자의 93.1%가 '적절하지 않다'고 답했습니다. '대통령의 이번 발언이 충분한 데이터를 근거로 상황을 분석한 후에 나온 발언이라 생각하는지'에 대해서도 응답자의 92.7%가 '그렇지 않다'고 답했습니다. 대다수 교육 주체는 대통령의 발언이 충분한 데이터에 근거하고, 숙의 과정이나 사회적 공론화를 거치지 않은 채 즉흥적으로 나온 발언이라고 인지한다는 것을 확인할 수 있었습니다.

윤석열 대통령은 이와 같은 발언이 사교육비 절감을 위한 것이라고 밝혔지만, '대통령의 발언으로 사교육비 절감이 가능해질 것으로 보는지'를 묻는 말에 응답자의 92.1%가 '그렇지 않다'고 답했고, '대통령의 발언으로 수능을 앞둔 학생과 학부모의 혼란이 없을 것으로 보는지'에도 응답자의 88.5%가 '그렇지 않다'고 답했습니다. 나아가

'대통령의 발언으로 올해 수능 출제에 영향을 미치지 않을 것으로 보는지'에 대한 질문에는 응답자 87.1%가 '그렇지 않다'고 부정적으로 답했습니다.

'공교육 교육과정 외' 출제를 지시한 대통령실의 지시와 이주호 장관의 '학교 수업'이 내용상 차이가 있다고 보는지'에 대한 질문에는 응답자의 78.5%가 '그렇지 않다'고 답했습니다.

윤석열 대통령의 수능 발언 후, 교육부는 담당 국장 경질과 평가원 감사 계획을 밝히는 파격 행보를 보였습니다. 이와 관련해 '6월 모의고사 결과를 가지고 교육부 국장에게 책임을 묻고 경질한 것이 정당한지'에 대한 질문에 응답자 92.3%가 부정적으로 답했고, '수능 5개월 전에 한국교육과정평가원을 교육부와 총리실 합동 감사하는 것이 정당한지'에 대해서도 응답자의 93.2%가 부정적인 반응을 보였습니다. 또, '만약 수능이 쉽게 출제된다면 사교육비가 경감될 것인지'에 대한 물음에 응답자의 86.3%, '수능이 쉽게 출제된다면 학교 현장이나 학생에게 유리하다고 보는지'에 81.8%, '수능이 쉽게 출제된다면 학교 현장의 입시 지도에 도움이 될 것인지'에 82.3%가 각각 부정적으로 대답했습니다.

그러나 '30년이 돼가는 수능에 대해 근본적인 대안 마련이 필요한

지'에 대한 질문에는 응답자의 57.1%가 긍정적으로 답했습니다. 교육에 대한 국민의 고민과 요구가 그대로 반영된 결과라고 생각합니다.

설문 결과를 종합 분석했을 때, 대통령의 이번 발언은 매우 부적절했고, 이주호 교육부 장관의 대처 또한 마찬가지였습니다. 교육부 담당 국장 경질, 평가원 감사 등의 과정이 매끄럽지 않았으며, 사교육 절감 등의 효과도 기대하기 어렵다는 의견이 대다수였습니다. 이번 설문조사를 전체적으로 요약하면 수능이 불과 140일밖에 남지 않은 상황에서 대통령의 발언과 정부 대응이 학생과 학부모에게 큰 혼란을 야기했다고 볼 수 있습니다.

이주호 교육부 장관이 직접 나서서 초고난도 문항(킬러문항) 3년치 사례를 나열하고, 문항 하나하나 개입한 것은 바람직하지 않았습니다. 일각에서는 사교육비 경감을 위해 초고난도 문항을 배제하면서 사교육 과열 중심에 있는 자사고·외고·국제고는 유지하는 것 자체가 정부 방침과 모순된다는 지적이 큰 상태입니다.

이번 대통령의 무지한 발언으로 현재 학교 현장은 아수라장이 됐고, 학생은 혼란과 불안 속에 빠졌습니다. 지금이라도 대통령 발언이 잘못됐음을 인정하고, 대국민 사과를 하십시오. 또한, 애꿎은 공무원을 인사 조처하거나 절박하게 수능 업무를 준비하는 평가원을 감사할 것이 아니라 이주호 교육부 장관이 먼저 사태를 수습한 후 사퇴할 것을 촉구합니다. 또, 대통령실에서 어떻게 이런 메시지가 나오게 됐는지 철저히 조사해 밝히고, 교육정책을 보좌하는 오석환 교육비서관에 대해서도 책임을 물어 경질하기를 촉구합니다.

더는 학생과 학부모에게 추가로 혼란을 야기하지 마십시오. 최근 4세대 나이스의 정보 유출 건으로 전국 학교 현장이 말할 수 없이 혼란스럽고, 정부 불신이 커진 상태입니다. 정부가 진정으로 교육개혁을 원한다면 학생 개개인의 능력과 잠재력을 키울 수 있는 방안을 교육 주체와 국민과 숙의하는 과정을 거쳐 교육정책과 입시제도의 중장기적인 청사진을 제시하시기를 바랍니다.

(2023. 6. 26. 국회의원 강득구)

대학 강사 처우 개선해야

대학에서 강사가 맡는 강의 비율은 1/3에 달합니다. 겸임이나 초빙교원을 포함한 수치입니다. 사립대학을 기준으로 전체 비용지출 총액에서 시간강의료(강사, 겸임이나 초빙 포함)가 차지하는 비율은 2% 내외(2017년 기준)로 알려져 있습니다. 대학마다 사정이 다르겠지만, 수치상으로 볼 때 매우 낮은 비율입니다.

출산율의 감소, 대학에도 불어닥친 양극화 바람 등 여러 요인으로 대학 운영에 어려움이 큰 것이 사실입니다. 그렇지만 저간의 사정을 고려하더라도 강사에 대한 처우는 매우 열악한 실정입니다. 국공립대는 그

나마 낮지만, 사립대는 강의를 전업으로 삼아 생활하기가 곤란한 정도로 시간강의료 수준이 낮습니다.

대학 강사는 우리나라에서 가장 교육 수준이 높은 그룹에 속합니다. 그렇지만 처우는 가장 낮은 계층에 속합니다. 자존감은 물론 생활을 유지하기도 힘든 현실입니다. 대학 교육의 질과 밀접한 연관이 있는 이 문제를 짚어보고 처우개선 방안을 모색해 보았습니다.

다양한 정책 대안 제시

앞에서 보고드린 여러 사안 외에도 여러 정책 대안을 모색해 보았습니다. 이를 통해 불평등과 격차가 생산되고 고착하는 현실을 타개해 나갈 수 있게 함으로써 사회적 불평등 완화와 사회적 격차 해소로 이어지기를 희망합니다.

1) 유아교육과 수학교육의 핵심 사항을 담은 정책자료집 발간

교육·시민단체와 함께 준비해 온 정책자료집 2종을 발간했습니다. 그 2종은 빼앗긴 놀이를 되찾을 유아교육 정책 제안을 담은 《이상한 나라의 유아교육, 이상으로 비상하자》와 수학교육의 실태를 담은 《수학교육의 문제 데이터가 말한다》입니다.

'전국국공립유치원교사노동조합 정책연구팀'과 제가 함께 펴낸 《이상한 나라의 유아교육, 이상으로 비상하자》에는 '만 5세 초등취학' 사태의 근본적인 원인과 대안을 담았습니다.

올해 여름을 뜨겁게 달구었던 '만 5세 초등취학' 정책은 교육부 장관을 9일 만에 사퇴하게 했고, 11일 만에 정책 철회로 이어졌습니다. 교육을 산업 논리로만 바라보는 이상하고도 가벼운 정책을 내놓은 데 따른 대가를 혹독하게 치른 셈입니다. 하지만 대다수 현장 교사는 이 사태에 대한 근본적인 해결책을 마련하는 것이 필요하다고 판단합니다. 근본적인 문제가 해결되지 않는 이상, 이 이상한 정책은 언제든지 다시 나타날 수 있기 때문입니다.

만 5세 초등취학 정책은 정부가 유아교육의 메커니즘을 전혀 이해하지 못한(혹은 이해하지 않은) 데 있습니다. 유아교육 현장에서 놀이는 곧 교육이고, 교육은 곧 놀이입니다. 놀이를 통해 배우게 하는 것이 유아기 발달에 적합한 교육입니다. 그런데 정부는 이러한 유아기 교육의 중요성보다 유아교육 현장을 산업 논리에 치우쳐도 된다고 여겼기 때문에 문제가 발생했다고 봅니다.

유아교육에서 '놀이'가 어떤 의미를 지니는지, 유아기 어린이에게 놀이가 얼마나 중요한지를 인식하는 것이 근본적인 문제 해결을 위한 첫걸음일 것입니다. 이번 정책자료집에는 유아교육에서 놀이의 의미와 중요성, 교육 현장에서 제기된 놀이 관련 각종 제안 등을 담았습니다.

'사교육걱정없는세상 수학교육혁신센터'와 제가 함께 펴낸《수학 교육의 문제 데이터가 말한다》는 수학교육의 현재 실태와 문제를 파악하기 위한 다양한 설문조사를 실시하고, 이를 분석한 내용과 해결 방안 제시 등을 담은 자료집입니다.

2021년 말 초·중·고 학생과 교사 4097명을 대상으로 질문한 '전국 수학 포기자(이하 '수포자') 설문', 2022년 4월 중·고학생, 교사, 학부모가

2021년 정책자료집 전 6권

2022년 정책자료집 전 3권   2023년 정책자료집 전 1권

참여한 '학교 수학 시험에 대한 설문', 학교 수학 시험문제를 교육과정의 범위와 수준을 고려해 출제하고 있는지 확인하려는 차원에서 전국의 10개 고교를 선정해 조사한 '고등학교 수학 시험의 교육과정 준수 여부 분석', 2024년부터 도입되는 새 교육과정 학습 내용의 적절성 파악을 위해 중·고 수학 교사 3553명에게 물어본 '2022 개정수학과 교육과정 전국 수학 교사 설문' 등의 조사를 분석한 결과를 한 권에 모았습니다.

유아기는 생애 전반에 걸쳐 가장 중요한 시기이며 놀이가 곧 학습인데, 이를 이해하지 못한 채 만 5세 초등취학으로 대표되는 유아교육 정책을 발표해 현장의 선생님과 학부모 혼란이 컸습니다. 이에 탁상행정을 바로잡고 유아의 행복을 되찾아 주고자 많은 선생님과 학부모가 노력, 그 결실을 '정책자료집'에 담았습니다. 이제 만 5세 초등취학 정책과 같은 일이 되풀이되는 일은 없을 것입니다. 감사와 경의를 표합니다.

그동안 수포자 실태 등을 꾸준히 데이터로 공론화했던 과정을 한 권의 정책자료집으로 묶어 내면서 수학 과목에 집중적으로 초점을 맞춰 문제점을 찾고 대안을 제시했다는 점에서 큰 보람을 느낍니다. 앞으로 단 한 명의 아이도 포기하지 않는 수학 책임교육의 실현을 위한 대안이 될 것으로 기대합니다.

2) 능력주의 격차 사회에서 인간 존엄 동반 사회로

저는 2021년 6월 교육·사회·문화 분야 대정부질문에서 김부겸 국무총리와 유은혜 사회부총리 겸 교육부 장관을 상대로 '능력주의 격차 사회에서 인간 존엄 동반 사회로 대전환'을 주제로 질의한 바 있습니다.

김부겸 국무총리를 상대로는, 통합과 상생으로 살아온 정치 인생을 기반으로 세월호·가습기살균제·천안함 사태 등으로 빚어진 갈등을 해소하고, 소통으로 난제를 풀어갈 것을 요청했습니다. 한편으로, 이준석 국민의힘 당대표가 말하는 공정과 능력주의의 문제를 지적하면서, '기득권이 공정의 옷을 입은 채 특권의 면허증과 같이' 공정의 개념을 오용하고 있는 것을 꼬집으며 모두의 존엄이 동등하게 실현되는 동반 사회로 대전환하는 것이 중요함을 피력했습니다.

또, 코로나19로 더욱더 심각해진 교육 격차와 사회 불평등 현상을 지적하고, 교육 격차 해소를 위한 「기초학력 보장법안」 통과와 관련해 정부 차원에서 적극적으로 여야와 시민단체 등을 설득해 타협을 끌어내 줄 것을 주문했습니다.

헌법 제31조 1항의 '모든 국민은 능력에 따라 균등하게 교육을 받을 권리를 가진다'가 능력 지상주의 신화를 변호하고 있다는 점도 문제가 있다고 밝히고, 이는 1962년 박정희 군사정부 시절 삽입된 것이므로 시대정신에 맞게 '능력에 따라'를 '적성과 소질에 따라'로 개헌할 것을 주

국회 대정부질문

장했습니다.

유은혜 사회부총리 겸 교육부 장관에게는 대학 서열화가 선발 단계부터 일어난다는 점을 지적하고, 근본적인 해결을 위해 절대평가를 전면 확대할 것을 주문했습니다. 또, 2학기 전면등교와 관련한 준비 상황을 점검하고, 학생의 안전한 교육환경과 철저한 방역도 함께 당부했습니다.

진정한 공정은 사회적 약자에게 가해지는 차별과 불평등이 없는 것에 있고, 좋은 정치는 약자의 눈으로 모두의 존엄한 삶을 구현하는 것에 있습니다. 엘리트 능력자가 정글의 최상위 포식자로 군림하는 것이 아니라 그들이 앞장서서 더불어 사는 사회를 만드는 일에 이바지해야 합니다. 저는 소명 의식을 가지고 교육 격차 해소와 사회 불평등 완화 등의 교육과 사회 대전환에 노력하겠습니다.

3) 미래 교육 설계를 위한 교육 구성원 설문조사 결과 발표 기자회견

저는 2021년 6월 '미래 교육 설계를 위한 교육 구성원 설문조사 결과 발표 기자회견'을 열었습니다.

교육 구성원은 교육에서 가장 중요한 교육 가치로 '교육의 공정성'을 꼽았습니다. 따라서 교육 당국은 어떻게 교육의 공정성을 확보할 것인지 미래 교육에 충분히 담아내야 할 것입니다. 교육 구성원은 단순한 주입식 교육이 아닌 진로 교육 강화와 학교폭력 강력 대응을 중요한 현안으로 생각하고 있습니다. 획기적인 예산 투입과 과감한 정책을 통해 교육시스템의 대전환이 필요한 것입니다.

미래 교육 설계를 위한
교육 구성원 설문조사 결과 발표 기자회견

소중한 우리 아이의 미래 교육 설계에

교육 구성원의 인식을 충실히 반영해야 합니다!

안녕하십니까? 더불어민주당 국회 교육위원회 소속 안양 만안구 국회의원 강득구입니다. 오늘 저는 미래 교육을 설계하고 준비하는 이 역동의 시기에 교육 현장에서 애쓰는 교육 구성원의 목소리를 귀 담아들어 정책에 반영해야 함을 강조하고자 이 자리에 섰습니다.

코로나19 상황에서 교육 격차와 교육 불평등, 아동학대와 사이버 학교폭력, 돌봄과 방과 후에 대한 국가 책임, 지방대 소멸과 대학 서 열화 문제 등의 중요한 교육 사안이 계속해서 발생하고 있습니다.

이에 저는 교육 구성원인 학생·학부모·교직원 총 3만 4998명을 대 상으로 교육 현안과 정책에 대한 인식을 파악해 미래지향적 관점으 로 정책을 만들기 위해 설문조사를 진행했습니다.

조사 결과는 다음과 같습니다.

교육에서 가장 중요하게 생각하는'교육의 가치'가 무엇인지에 관한 질문에 '교육의 공정성'이 18.06%로 가장 높았고, '미래의 교육경쟁력'이 16.64%, '교육 불평등 완화'가 15.76%로 그 뒤를 이었습니다. '교육의 공정성' 문제는 결코 어제오늘 일이 아닙니다. 함께 풀어야 할 우리 교육의 숙제와도 같습니다. 특히, 코로나19로 원격수업을 확대하면서 그 민낯이 여실히 드러났습니다. 누구나 균등하게 교육받을 기회는 부모의 사회·경제적 배경에 박탈당했습니다. 별도의 사교육을 받는 학생이 있지만, 가정 내 방치되다시피 사각지대에 놓인 학생도 있었습니다. '창녕 아동학대 사건'이나 '인천 미추홀 라면형제 화재 사건'은 다시는 재발하지 말아야 할 가슴 아픈 일이었습니다. 2022년 미래 교육을 준비하고 있는 오늘, 우리는 '어떻게 교육 공정성을 담보할 것인지' 고민해 그 답을 통해 구체적인 비전을 제시해야 미래를 열 수 있을 것입니다.

교육에서 가장 중요하게 생각하는 '교육 현안' 질문에는 '진로 교육 강화'가 13.4%, '학교폭력 대응 강화'가 11.26%로 가장 높았습니다. 교육 구성원은 대부분 학생 개개인 삶의 경로는 물론이거니와 진로 교육 강화와 다양한 체험 등 실질적인 도움이 필요하다고 응답했습니다. 또, 최근 학교폭력 가해 학생 솜방망이 처벌과 피해 학생 보호조치 소홀 등이 사회문제로 대두함에 따라 교육 구성원은 학교폭력 대응 강화를 중요한 현안으로 인식했습니다.

이 외에도 온라인수업 및 에듀테크(교육 정보 기술) 강화(7.2%), 교원 역량 강화(7.19%), 대학 서열화 완화(6.92%) 등이 뒤를 이었습니다. 이는 교육 구성원이 중요하게 생각하는 현안이 매우 포괄적임을 보여줍니다. '교육 현안에 대한 개혁이 필요한 부분'에 대한 질문에는 교육 구성원 과반수가 영유아 공공성, 방과 후·돌봄 국가책임, 학교폭력 대응, 학생의 기초학력 지원 등을 강화하는 것이 시급하다고 응답했습니다.

코로나19로 미래 교육은 이미 우리 곁에 성큼 와버렸습니다. 이제 교육 당국은 미래 교육 관점에서 우리 아이를 위해, 교육 현장을 위해 획기적으로 예산을 투입하고, 과감한 정책을 추진해야 합니다. 교육 불평등 해소를 위한 교육시스템의 대전환을 이뤄내야 합니다. 정책 입안과 추진 시 오늘의 설문 결과 발표를 바탕으로 교육 구성원의 인식을 충분히 담아내기를 다시 한번 촉구합니다. 감사합니다.

(2021. 6. 23. 국회의원 강득구)

4) 수능 개혁 3대 방안 도입 촉구

대학입시 제도는 우리 교육의 모든 것을 삼키는 하마처럼 됐습니다. 수능은 이러한 대학입시 제도 중에서도 핵심적인 위치를 차지하고 있습니다. 이에 대한 개선이 없이는 교육 정상화가 불가능합니다. 궁극적인 해결책은 아니지만, 여러 고민을 거쳐 이상적이고 현실에서 가능한 수능 개혁 방안을 제시했고, 이의 도입을 촉구했습니다.

'수학 절대평가화',
'지문·홍채 신분 확인 시스템 도입',
'감독관 서약서·위촉확인서 완전 폐기'를
강력히 촉구한다.

안녕하십니까? 국회 교육위원회 소속 경기 안양 만안 출신 더불어 민주당 국회의원 강득구입니다.

대학수학능력시험(이하 수능)이 도입된 지 28년이 흘렀습니다. 학력고사의 폐해를 막고자 도입했으나 오늘의 현실은 암울하기만 합니다. 저는 수능 개혁 방안 도입을 촉구하기 위해 이 자리에 섰습니다.

첫째, 수능에서 수학에 대한 절대평가화를 촉구합니다.

수학은 대한민국 모든 학생과 학부모를 오랫동안 아프게 한 과목입니다. 학생은 지옥 같은 문제 풀이로, 학부모는 끝도 없이 들어가는 사교육비 부담으로 고통받고 있습니다. 학교 현장의 수포자 학생은 끝도 없이 늘어나고 있습니다.

교육부와 한국과학창의재단은 10년간 366억 원이 넘는 엄청난 예산을 쏟아부으며 수학교육 종합계획을 3차례나 추진했습니다. 하지만 그 결과는 어떻습니까? 2011년 국가 수준 학업성취도 평가에서 수학 기초학력 미달 학생이 중3은 4.0%, 고2는 4.4%에 불과했으나 2019년에는 중3 11.8%, 고2 9.0%로 2~3배 증가했습니다. 2019년 '국제교육성취도평가협회'가 전 세계 58개국의 초등학생과 38개국의 중학생을 대상으로 연구한 결과에서도 우리나라 초·중학생 수학 흥미와 자신감은 국제 평균보다 2배 이상 낮았습니다. 그 많은 예산이 사이트 운영, 수학 소프트웨어 개발에 집중됐고, 3차 계획에서는 무려 75% 예산을 소프트웨어 개발이나 사이트 운영에 사용했습니다. 수학교육 종합계획 발표 이후 '수학문화관', '수학체험센터'는 2015부터 짓기 시작해 36개나 전국 곳곳에 지어졌습니다. 수학을 어려워하고 수포자가 발생하는 원인을, 학교 수업이나 교육과정을 개선해 해결하기보다 수학문화관 건립에 주력했습니다.

교육 현장의 수학 교사는 첨단 기기가 아니라 평가의 개선을 압도적으로 요구합니다. 잘 아시겠지만, 교육부에서 했던 정책 가운데 '수능 영어 절대평가'는 사교육 부담을 낮추고, 학생과 부모 부담을 줄인 아주 잘한 정책입니다. 그런 차원에서 이제 수학도 수능에서 절대평가화의 길로 가야 합니다.

둘째, 수능에서 학생 신분 확인 시에 홍채나 지문 시스템을 도입할 것을 촉구합니다.

현재 수능에서 학생 신분 확인은 수능 감독관이 신분증과 얼굴을 일일이 대조하는 방식입니다. 코로나19 상황 때문에 마스크를 내리고 신분증 확인하게 됐는데, 거부하면 부정행위가 됩니다. 잘 아시겠지만, 이런 상황은 시험을 보는 수험생과 감독관 입장에서 모두 불편합니다. 신분증과 얼굴을 하나하나 대조해야 하는데, 째려봤다고 민원이나 심지어 고소까지 하는 상황이 발생합니다. 행정력 낭비이기도 합니다.

재수·삼수생은 고등학교 때와 달리 얼굴이 변한 경우가 있습니다. 성형도 적지 않게 해 신분증 얼굴과 달라진 수험생도 있습니다. 화장으로 얼굴이 달라 보이기도 합니다. 휴가 나와 수능을 보는 군인은 머리가 짧아 스타일이 비슷해 보입니다. 이 때문에 대리로 출석해도 확인하기 어려운 측면이 있습니다. 실제로 2019년 11월 수능 시험에서 A 씨 대신 군대 후임병 B 씨가 수능 고사장에 대신 들어가 신분 확인 절차에서 적발되지 않았었습니다. 맨눈으로 진행되는 신분 확인의 허점이 드러난 예입니다. 당시 대리 응시 성적표를 받은 A 씨는 대학 합격까지 했습니다. 이것 말고도 대리시험 적발 사례는 적지 않습니다.

신분증과 얼굴 확인만으로는 대리시험 등을 근본적으로 막기 어렵습니다. 이미 중국 수능 '가오카오'에서는 안면인식, 즉 홍채와 지문 등록을 활용하고 있습니다. 우리나라에서도 이미 헌혈할 때나 주민센터 업무 등에 홍채와 지문 인식을 일상화했습니다. 기술력도 검증됐습니다. 수능 시험장에서도 단말기와 프로그램만 있으면 얼마든지 활용할 수 있습니다. 특히, 고3 수험생은 대부분 주민등록증이 있어서 이미 지문 등록을 완료한 상태입니다. 이제는 홍채·지문 시스템을 서둘러 도입해야 합니다.

2020년에 어려울 것만 같던 수능 감독 보조의자를 도입했습니다. 종일 서서 감독해야 하는 불편함을 의자 하나로 덜어낸 좋은 사례입니다. 이미 기술력을 검증해 일상에서 널리 사용되는 홍채·지문 시스템을 이용하는 것은 어려운 일이 아닙니다. 속히 도입할 것을 촉구합니다.

셋째, 수능 감독관 서약서나 위촉확인서를 완전히 폐기할 것을 촉구합니다.

수십 년간 수능 감독관은 엄수와 책임을 강요한 서약서를 써왔습니다. 이와 관련, 최근 국가인권위원회에서는 법적 근거가 없고 부당하다는 취지로 제도 개선을 권고했습니다. 국가인권위원회 결정문에는 '서약서를 제출하도록 하는 내용을 포함하지 않을 것'을 담고 있습니다. 하지만 교육부와 한국교육과정평가원은 꼼수를 썼습니다. '서약서'라는 이름을 '위촉확인서'로 바꿔 추진한 것입니다. 내용은 똑같고 제목만 '위촉확인서'로 바꿨습니다. 용납하기 어려운 일입니다. 교육부와 한국교육과정평가원은 서둘러 시정해야 합니다. 민감한 시험이고, 중차대한 국가사이기에 보안과 안전을 완벽히 하는 대책을 별도로 마련해야 할 것입니다.

수능 감독관은 학교 교사입니다. 학생에게 인권을 가르치는 선생님입니다. 교육부도 모든 정책에 인권으로 다가가야 합니다.

수능이 수명을 다했다, 새로운 체제로 가야 한다고 주장하는 분이 많아졌습니다. 미래 교육을 열기 위해서는 새로운 대학 진입 경로와 체계를 서둘러 구축해야 합니다. 수능은 우리 아이의 현실이고, 우리 선생님의 현장이고, 진행 중인 국정의 일환입니다. 학생을 위해, 학부모를 위해, 선생님을 위해 할 수 있는 개혁부터 하는 것이 도리입니다

수학 절대평가화, 수험생 신분 확인 홍채·지문 시스템, 그리고 수능 감독관 서약서 및 위촉확인서 완전 폐기가 앞당겨 이루어지길 강력하게 촉구합니다.

감사합니다.

(2021. 10. 21. 국회의원 강득구)

5) '모든 아이를 위한 기초학력 지원 체제 구축' 정책자료집 발간

저와 '좋은교사운동'이 2021년도 국정감사를 맞아 '모든 아이를 위한 기초학력 지원 체제 구축' 관련 정책 제안을 내놨습니다. '강득구의원실'에서 발간한 《모든 아이를 위한 기초학력 지원 체제, 어떻게 만들 것인가?》라는 제목의 정책자료집에는 기초학력 부족 학생·다문화가정 자녀·탈북학생·특수교육 대상 학생 등 교육에서 소외되는 학생이 우리 주변에 늘 있는 현실을 직시, 누구라도 언제든 학습지원이 필요한 학생에게는 지원할 수 있는 학습 안전망을 만들어야 한다는 의지가 담겨 있습니다.

학교에는 구조적으로 혼자서는 학습 능력을 높이기 힘든 학생이 존재합니다. 성취도평가 시험에서 한두 문제 더 맞았다고, 기초학력 미달에서 벗어났다고 해서 이들의 학습 문제가 해결되는 것이 아닙니다. 정서와 사회적 관계를 포함해, 이들을 위한 촘촘한 학습 안전망을 만드는 것이 급선무입니다.

교실에는 난독이나 경계선 지능과 같은 학습장애로 특수교육 관점에서 지원해야 하는 학생도 적지 않습니다. 하지만 특수교육대상자로 지정받지 못해 필요한 학습을 지원받지 못하는 경우가 있습니다. 즉, 학습지원의 광범위한 사각지대가 존재하는 것입니다. 소위 '인재 양성'에만 몰입한 교육으로 많은 학생이 교육에서 소외되는 것이 우리 학교의 현주소입니다. 이에 저와 좋은교사운동은 아래와 같은 해결 방안을 제시했 습니다.

학급당 학생 수 20명 확보, 교사가 학생에게 집중할 수 있는 업무 환경 조성, 학습지원에 전문성을 갖춘 전문교사(기초학력 전담 교사) 양성 및 배치, 근거 기반 프로그램 개발과 보급, 학습지원 전문교사 중심의 내실 있는 다중지원팀 운영, 특수교사 자격 소지자의 일반 학교 임용 배치, 「기초학력보장법 시행령」에 학습지원 결정과 관련한 명시적 절차를 제시해 학교 학습지원과 학부모 부동의 사이의 갈등 해소 방안 마련, '국가기초학력지원센터'를 의학·아동 발달·특수교육·언어·교수학습·사회학·교육과정 등의 전문가가 참여하는 통합적 연구센터로 개편, 초등학교 저학년 시기를 특정해 모든 학생 대상 진단평가를 하되 진단도구 다양화로 서열화 방지 등입니다.

그동안 우리 교육은 특출한 인재를 키우는 것에 집중해 왔습니다. 그러나 이제는 모든 학생이 각자가 가진 꿈과 소질을 키우고 잠재력을 실현할 수 있도록 고르게 기회를 부여하는 교육으로 전환해야 할 때입니다. 그야말로 모든 학생이 각자의 탁월성을 발휘할 수 있게 교육체제를 바꿔야 합니다. 모든 아이를 위한 기초학력 지원 체제를 구축해 더는 소외 학생이 없는 교육이 돼야 합니다. 교육 소외 학생의 현실을 직시하고, 학습 격차뿐만 아니라 정서와 사회적 격차도 국가가 책임져 나가야 합니다.

저는 「기초학력보장법」 제정 이후, 시행령이 어떻게 만들어지는지 모니터링하면서 기초학력보장법 제정 취지대로 모든 아이를 위한 기초학력 지원 체제를 구축하는 일에 꾸준히 힘을 보태겠습니다. 이 정책자료집이 학생 개개인에게 필요한 학습지원을 촘촘하게 실현하는 학습 안전망 구축의 계기가 되기를 바랍니다.

제4부

신념의 정치

여러 차례 말씀드린 대로, 저는 민생문제 해결을 필생의 과제로 삼아 정치를 해왔고 해나가고 있습니다. 우리나라는 이미 절대빈곤을 넘어섰고, 이제는 선진국 반열에 올랐습니다. 이런 우리에게 불평등과 격차가 민생을 위협하는 최대의 구조적 문제로 등장했습니다. 저는 이 불평등과 격차를 해소하는 것을 정치적 소명으로 받아들여 의정활동을 하고 있습니다. 제가 교육위원회를 택한 것은 불평등과 격차를 생산하고 이를 고착화하는 재생산하는 과정에서 교육이 핵심적인 역할을 하고 있기 때문입니다.

교육 문제는 우리 사회 전체의 문제와 얽혀있습니다. 이 때문에 교육 분야 내의 개선만으로는 해결하기가 어렵습니다. 기후, 에너지, 환경의 위기는 우리 사회의 지속가능성 문제를 넘어 인류를 위협하는 결정적인 문제입니다. 이에 저는 교육위를 넘나드는 의정활동을 통해 심각성을 토로하고, 함께 대책을 마련하고자 노력했습니다. 여기에는 요즘 관심을 받는 '비인간 주체'(인간만이 세상의 주인, 주체인 것이 아니라 인간 이외의 다른 모든 생명체도 공동의 주인이자 주체로 보아야 한다는 의견에서 나온 용어) 문제도 있습니다. 특히, 기후환경 위기는 인간만의 문제가 아니라 동식물을 비롯한 모든 생명과 직결된 문제입니다.

선진사회로 진입하면서 우리의 사회문제는 전보다 훨씬 복잡하고 다양한 양상을 띱니다. 민생문제에서 경제문제, 즉 분배의 불평등과 격차가 근본적인 문제라는 사실은 부인할 수 없습니다. 그렇지만 선진사회로 진입하면서 민생문제는 단순한 경제적 욕구를 넘어 삶의 질 전반에 대한 다양한 요구로 확대되고 있습니다.

현대사회를 총체적으로 비판한 프랑크푸르트학파의 3세대 철학자 악셀 호네트는 사회문제를 '인정투쟁'의 관점에서 재조명합니다. 한마디로 인간은 사회적인 인정과 존중감이 필요한 존재라는 것입니다. 절대빈곤 시대에는 먹고 사는 문제가 관건일 수밖에 없었습니다. 하지만 그 문제가 어느 정도 해결된 오늘날에는 사회적 인정에 대한 욕구가 오히려 사회적 갈등의 진앙이 되고 있습니다. 우리 사회에서도 사회적 소수자에 대한 사회적 인정이 중요한 문제로 대두했습니다. 이에 「차별금지법」이 발의됐으나 17년째 쳇바퀴를 돌고 있는 형국입니다.

사회적 소수자는 폭넓고 상대적인 개념입니다. 한 사람이 여러 소수자 집단에 동시에 포함돼 있을 수도 있고 어떤 면에서는 소수자의 위치가 아닐 수도 있습니다. 여성, 장애인, 이주민, 탈북자, 아동·청소년·청년·노인 등이 여기에 해당합니다. 저는 의정활동을 통해 여성이나 장애인의 인권과 처우를 개선하는 데 힘을 보태기 위해 노력했습니다. 아울러 교육위원이지만 경제적 소수자라 할 수 있는 택시 기사와 아파트 경비원을 위한 대책도 모색했습니다.

야당 의원으로서 윤석열 정부를 감시하는 것도 소홀함이 없도록 노력했습니다. 앞서 밝혔듯 '정순신 검사 특권 진상조사단 TF 단장'으로 활동했고, '대통령처가 고속도로게이트 진상규명 특별위원회 공동위원장' 소임도 수행해 권력 비리 의혹에 대한 감시를 이어 나갔습니다. 서울-양평 고속도로 특혜 의혹 외에 도이치모터스 사건과 관련해서도 진실규명과 더불어 공정한 수사를 촉구하는 활동을 전개했습니다.

이렇게 교육위원으로서, 야당 국회의원으로서 일련의 활동을 벌인 결과, 과분하게도 2년 연속 '더불어민주당 국정감사 우수위원'으로 선정됐고, 쿠키뉴스가 수여하는 '입법 우수국회의원상'도 받게 됐습니다.

1. 기후, 에너지, 생활환경

새로운 지질시대를 가리키는 '인류세(人類世, Anthropocene)'라는 말이 있습니다. 현재 우리는 지질학적으로 신생대 제4기의 홀로세(人類世, Anthropocene) 시대에 살고 있는데, 인류세는 인간의 활동이 지구 전체의 지질구조에 영향을 미치고 있는 현실을 반영한 말입니다. 그런데 이 인류세는 인류의 활동이 인간 자신은 물론, 지구의 생명 전체에 위기를 초래하고 있다는 문제의식에서 제안된 말입니다.

「자원의 절약과 재활용촉진에 관한 법률」 개정안 발의
플라스틱 폐기물 증가로 환경문제 유발
포장재 없이 판매하는 사업자 지원 근거 마련

2021. 04. 12. | 중부일보

강득구, 일회용품 대체·과포장 감소 추진

강득구 더불어민주당 의원(안양만안)은 최근 포장폐기물 발생 및 1회용품 사용 억제를 위한 '자원의 절약과 재활용촉진에 관한 법률' 일부개정안을 대표 발의했다.

11일 강 의원에 따르면 개정안에는 1회용품 사용 규제 대상으로 세척 시설을 갖춘 장례식장을 포함시킬 뿐만 아니라, 음식 배달 시 일회용품을 무상으로 제공하지 않는 내용도 포함됐다.

제로웨이스트샵(Zero-waste Shop)으로 포장재 없이 제품을 판매하는 사업자와 다회용기를 회수·세척해 재공급하는 사업자에 대해 국가 및 지방자치단체가 지원할 수 있도록 하는 근거도 반영됐다.

강 의원은 탄소중립 사회로 나아가기 위해 국가·민간 차원에서 총력을 기울이고 있는 가운데, 최근 신종 코로나바이러스 감염증(코로나19)로 인해 플라스틱 폐기물 증가가 심각한 환경문제를 유발하고 있다고 지적했다.

또 과포장으로 발생하는 쓰레기 문제를 해결하기 위해 지방자치단체가 제로웨이스트샵(Zero-waste Shop)의 설치를 의무화해 기후위기 극복에 앞장서야 한다는 목소리가 지속적으로 제기돼 왔다고 부연했다.

이진원기자

(11.3*9.8)cm

기후 위기가 대재앙을 예고하는 눈앞의 문제로 다가왔습니다. 그런데 너무 큰 사안이라 개인은 무엇을 해야 할지 막연합니다. 여름에 온도가 지나치게 높아지고, 자연재해가 빈발하고, 극지방의 동토가 녹아내리는 등의 여러 상황을 보고 겪고 있지만 전 지구 차원에서 대책을 마련하기 쉽지 않습니다.

저는 교육위원회에 속해 있으므로 아주 적극적으로 활동을 벌일 수는 없었지만, 두고 볼 수만은 없다는 생각에서 미력하나마 힘을 보태는 법안을 발의했습니다.

전 세계가 기후 위기 비상 상황임을 고려해 '생태전환교육'을 체계적

으로 시행하기 위해 2022개정 교육 과정에 반영할 것을 촉구했습니다. 현행법은 '국가와 지자체가 모든 국민이 기후변화 등에 대응하기 위해 생태전환 교육을 받을 수 있도록 필요한 시책을 수립·실시해야 한다'고 규정하고 있습니다.

기후 위기 시대에 학생도 인간 중심적 사고에서 벗어나야 합니다. 인간과 자연의 공존·번영을 위해 생각과 행동에 변화를 부르는 교육이 절실히 필요한 시점입니다. 제가 법안을 마련한 이유는 학교에서 생태전환 교육을 체계적으로 시행하도록 법률에 명시함으로써 학생이 기후 위기 등 환경변화에 슬기롭게 대처할 수 있게 하기 위한 것입니다. 이와 관련, 2022 개정 교육과정 '생태전환교육' 축소·폐지와 관련해 교육 주체 1만 5000명을 대상으로 설문조사를 진행했고, 응답자의 51%가 반대하는 것으로 나타났습니다.

대학의 과도한 에너지 사용에 대해서는 그 문제점을 지적하고 에너지 절감 노력을 개진하도록 대학 측에 촉구했습니다.

2023 국정감사에서 국립대, 사립대 할 것 없이 매년 전기 사용량이 늘고 있는 것으로 나타났습니다. 서울시로부터 받은 자료에 따르면, 서울시 내 2021년 '에너지 다소비 건물'의 온실가스 배출량 순위에서 상위 35곳 중 5곳이 주요 대학이었습니다. 건물업종별 에너지 사용량은 1위가 아파트, 2위가 대학으로 나타났습니다.

기후 위기에 따른 탄소중립은 여야와 진보·보수를 떠나 시대가 요구하는 것입니다. 스탠퍼드 대학이 탄소중립을 하겠다고 공식적으로 선언했습니다. 이제는 탄소 제로를 넘어 탄소 마이너스로 나아가고 있는데, 이러한 외국의 대학 사례를 참고해 대학에서도 에너지 절감을 위해 노력해 달라고 당부했습니다.

또, 대학을 비롯한 교육기관이 탄소중립의 관점에서 수목 관리에 나서야 한다고 강조했습니다. 현재 「초·중등교육법」 제2조에는 '초중고는 쾌적한 생활환경과 아름다운 경관, 환경생태교육을 위해 「도시숲법」 등에 따라 수목, 생태환경을 조성하고 학교숲을 관리해야 한다'고

명시돼 있으나 이에 대한 구체적인 이행이 미흡한 실정입니다.

대학 캠퍼스의 숲을 규정할 수 있는 법적 조항도 미약한 상황입니다. 전국의 총 10곳 교육청이 '학교숲 조성'을 내용으로 하는 조례를 제정해 놓고 있습니다만, 교육 현장에서는 제대로 된 수목 관리 지침이 없어 주먹구구식으로 진행하는 실정입니다. 이는 큰 문제입니다. 교육부가 초·중·고교를 비롯해 대학의 교내 수목 관리를 위한 매뉴얼과 지침을 마련해야 한다고 제가 역설한 이유입니다.

가뜩이나 환경과 기후위기 관련 위기 목소리가 높아지는 시점에 일본은 후쿠시마 오염수를 바다에 방출하고 있습니다. 그런데 바로 옆에 있는 대한민국은 정부의 대책이 의아함을 넘어 분노를 자아내고 있는 실정입니다. 도대체 왜 이러는지 모르겠습니다.

교육위원으로서 일단 학교급식에 오염수의 영향을 받은 음식물이 올라와서는 안 되겠기에 이에 대한 대책부터 마련해 보았습니다. 어린이집, 유치원, 초·중·고교 급식의 안전성 보장을 위해 정부 차원에서 학교 급식의 모든 해양수산물에 대한 방사능 검사를 하도록 의무화하고, 방사능·중금속·미생물 등의 유해물질과 관련한 학교급식 식재료 안전성 보장 대책을 철저히 마련할 것을 촉구했습니다.

생활환경과 관련한 가습기살균제 문제가 여전합니다. 현재 관련 재

강득구 의원,
"후쿠시마 오염수 방류 관련 국회 결의안 채택해야"

2023. 04. 24. | 인천일보

강득구 "후쿠시마 오염수 방류 국회 결의안 채택 필요"

강득구 의원은 '이기는 민주당 어게인(Again) 경기편'에서 "후쿠시마 오염수 방류 관련 국회 결의안 채택이 필요하다"고 말했다.

더불어민주당 강득구(경기 안양만안)은 21일 경기 수원컨벤션센터 이벤트홀에서 열린 '이기는 민주당 어게인(Again) 경기편'에 참석했다.

1부 명사 특강에는 김동연 경기도지사가 '대한민국 이대로 괜찮은가, 민주당이 나아가야 할 길'이라는 주제로 강연했다.

2부 집단 토크콘서트는 정봉주 교육연수원장이 사회를 맡아, 더불어민주당 경기도당 위원장인 임종성(경기 광주을) 의원과 문정복(경기 시흥갑) 의원, 강득구 의원이 패널로 참여했다.

토크콘서트는 ▲후쿠시마 오염수 방류 문제 및 대일 굴욕외교 문제 ▲우크라이나 무기 공급 ▲미국 중앙정보국(CIA)의 대통령실 도청 논란 ▲총선 전망 및 승리 방안 등을 주제로 진행됐다.

민주당 대일굴욕외교대책위원회 간사를 맡고 있는 강 의원은 이날 토크콘서트에서 일본의 후쿠시마 오염수 방류에 대해 명확한 반대입장을 밝히지 않고 있는 윤석열 정부를 비판했다.

강 의원은 "후쿠시마 오염수 방류 문제는 경제의 문제이자 민생의 문제"라며 "여·야, 보수·진보를 넘어 적극적으로 대응해야 한다"고 강조했다.

또 민주당의 총선 승리 방안과 관련 "이기는 민주당이 되기 위해서는 공천 혁신을 비롯한 당의 정풍운동이 반드시 필요하다"며 "이제 우리는 총선과 대선을 향한 대장정을 다시 시작해야 한다"고 강조했다.

/라다솜기자 radasom@incheonilbo.com

(11.7*11.5)cm

판이 이루어지고 있는데, 1심 법원은 피고에게 무죄를 선고했습니다. 법원의 판결을 존중해야 하지만, 이해할 수 없어서 저의 견해를 표명하지 않을 수 없었습니다.

가습기 살균제 피해는 '대한민국 역사상 최악의 화학 참사'라고 일컫는 사건입니다. 신고한 사망자만 1500여 명이고, 지금도 수천 명이 고통을 호소하고 있습니다. 2011년, 가습기 살균제를 이용한 산모나 영유아 등이 폐에서 섬유화 증세를 일으켜 사망하거나 중병에 걸리면서 알려졌습니다.

정부가 인정한 피해를 재판부가 뒤집은 것입니다. 피해자가 있는데 가해자는 없는 판결인 셈입니다. 최근 「사회적참사 특별조사위원회법」이 개정되면서 가습기 살균제 진상규명 활동이 종료됐는데, 이를 재개정해서라도 진상규명을 다시 해야 합니다.

법은 누구에게나 공정해야 합니다. 기업만을 보호하고 피해를 본 국민은 보호할 수 없다면 공정성을 의심할 수밖에 없습니다. 법관의 권한과 책임을 존중하지만, 어디까지나 주권자인 국민의 신뢰 아래 법관의 독립성도 헌법적 가치로 보장받을 수 있는 것입니다. 이번 판례로 기업의 책임을 앞으로는 묻기 어려워지지 않을까 우려합니다.

2. 여성 인권, 여성 대상 범죄

여성은 여전히 권리의 영역에서 소수자입니다. 인류의 절반이 여성이지만, 여성의 권리는 절반만 인정받고 있습니다. 불행한 사태가 아닐 수 없습니다. 이런 현실을 극복하기 위해 안양지역 국회의원이 모두 모였

습니다. 한목소리로 여성의 인권 보장이 곧 인류 모두의 인권임을 천명
했습니다.

여성의 경제적 자유를 제한하는 저임금 현상이 여전합니다. 사회적
성취를 가로막는 유리천장 같은 구조적 차별도 여전합니다. 이런 문제
를 환기하면서 여성 인권 신장을 촉구하는 자리를 만들어 보았습니다.

인권은 고사하고 여성을 상대로 한 스토킹 범죄가 극성입니다. 특히,
범죄 발생과는 거리가 먼 안전한 곳 중의 하나로 믿던 대학에서 스토킹
범죄가 빈발합니다. 교육부로부터 받은 '최근 5년 전국 주요 대학 내 스
토킹 범죄 현황' 자료를 보면, 전국 15개 대학에서 스토킹 범죄가 최근

작년(2022년) 지하철 성범죄 신고 약 1000건
경찰청, 강득구 의원실 제출 자료 전체 신고 중 37.1%가 성범죄

2022. 08. 19 | 동아일보

서울 지하철 성범죄 작년 1000건 육박… 매년 증가

올해는 7월 기준 628건… 추행 66%

지난해 서울 지하철 내에서 추행 및 불법촬영 등 성범죄를 당했다는 신고가 1000건에 육박하는 것으로 나타났다. 신고 건수는 매년 증가세를 보이고 있어 신당역 역무원 스토킹 피살 사건 등이 재발할 수 있다는 지적이 나온다.

더불어민주당 강득구 의원실이 18일 경찰청으로부터 제출받은 자료에 따르면 서울 지하철에서 발생한 추행과 불법촬영 등에 대한 신고 건수는 2020년 874건에서 지난해 972건으로 늘었다. 올해는 7월 말까지 총 628건으로 집계돼 증가세가 이어지는 것으로 나타났다. 신종 코로나바이러스 감염증(코로나19) 방역이 완화되면서 지하철을 이용하는 승객이 늘어날수록 성범죄 건수도 덩달아 증가하는 것으로 풀이된다.

지난해 신고된 성범죄를 유형별로 나누면 추행이 646건(66.5%), 불법촬영이 326건(33.5%)이었다. 올해 신고 건수도 추행(414건·65.9%)이

서울 지하철 내 성범죄 신고 추이
단위: 건. 2022년은 7월 말 기준.

2020	2021	2022년
874	972	628

자료: 더불어민주당 강득구 의원실

불법촬영(214건·34.1%)보다 더 많았다. 신고 후 실제로 검거가 된 성범죄 사례는 2020년 748건, 지난해 744건으로 나타났다. 올해는 7월 말까지 590건이었다.

강 의원은 "지하철 내 고질적 성추행, 불법촬영 등 성범죄에 대한 법무부 및 경찰청 등 관계 부처의 근본적 해결 방안이 나와야 한다"고 했다. 황성호 기자 hsh0330@donga.com

(14.3*12.0)cm

5년간 13건 발생했습니다. 그런데 가해자에게 접근금지 처분이 내려진 것은 4건에 불과한 것으로 드러났습니다. 이에 저는 교육부 차원의 지침 마련 등 근본 대책을 촉구했습니다.

2023년 6월 스토킹 범죄 처벌을 강화하는 개정안이 국회를 통과했지

만, 여전히 우리 사회는 불안합니다. 특히, 대학에서조차 스토킹 범죄를 막을 제대로 된 조치를 마련하지 못하고 있는 만큼, 처벌을 강화하는 것 못지않게 교육부 차원의 근본적인 해결책 모색이 필요합니다.

여러 사람이 모이기 때문에 범죄를 저지르기가 쉽지 않아 보이는 지하철도 여성을 상대로 한 범죄의 온상 중 하나입니다. 신당역 여승무원이 스토킹 범죄자의 손에 의해 살해된 것에서 보듯 성추행과 불법 촬영 등이 다반사입니다.

경찰청이 제출한 자료에 따르면, 서울 지하철 내 성범죄 신고 건수는 2020년 874건에서 2021년 972건, 2022년(7월 말 기준) 현재 628건에 달하는 것으로 나타났습니다.

지하철 내 범죄를 막기 위한 강력한 치안 강화 대책이 필요합니다. 특히, 성범죄인 성추행과 불법 촬영 등에 대해 법무부·경찰청 등의 관계 부처가 앞장서서 정부 차원의 근본적인 해결 방안을 마련해야 합니다.

3. 동물복지, 동물권

반려동물을 기르는 가정이 급증하고 있습니다. 그만큼 반려동물을 유기하는 일도 많이 발생하고 있습니다. 이에 따라 저는 반려동물 보호

방안을 담은 「동물보호법」 일부개정법률안을 대표 발의해 반려동물이 보호받을 수 있는 실마리를 마련했습니다.

현행법에는 동물보호센터 내 영상정보처리기기 설치에 대한 별도 규정이 없는 상태입니다. 하지만 이 센터에서는 각종 사고 발생 우려가 크고, 보호조치 중인 동물을 계속해서 관찰할 필요가 있다는 의견이 꾸준히 제기돼 왔습니다. 이에 따라 영상정보처리기기 설치를 포함해 인도적인 차원에서 사용하는 약제의 사용기록 등을 작성해 보관토록 하고, 이를 위반하면 벌칙이나 과태료를 부과함으로써 동물을 안전하게 보호·관리할 수 있는 근거를 마련했습니다.

기후 위기에 대처하기 위한 생태적 전환 시대를 맞아 앞으로 동물복지나 동물권은 점점 더 중요성이 커질 것입니다. 저는 이러한 시대적 요구까지 고려, 반려동물뿐만 아니라 모든 동물이 인간과 공존할 수 있도록 노력하겠습니다.

4. 장애인

장애인의 권리 보장과 교육 기회 확대는 제가 가장 관심을 기울이는 문제의 하나입니다. 불편한 몸이므로 오히려 사는 데 불편을 느끼지 않도록 배려해야 합니다.

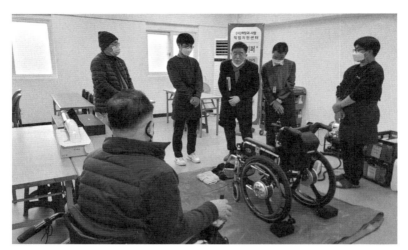

안양시장애인자립생활센터 현장 방문간담회

　장애인은 우리 사회에서 가장 약자, 소수자에 속합니다. 이 말은 장애인이 불편함을 느끼지 않고 사는 세상이 된다면 우리가 모두 편안한 삶을 누릴 수 있는 세상이 된다는 말이 됩니다. 장애인 삶의 질은 우리 사회 삶의 질을 나타내는 척도이자 시금석입니다.

　미국도 경쟁사회입니다. 이 나라도 문제가 많고 삶의 무게로 고통받는 사람이 많습니다. 하지만 미국은 좋은 사회입니다. 장애인이 살기에 불편함이 적은 사회이기 때문입니다. 우리나라도 못 할 이유가 없습니다. 여러 개선 사례 중 저는 특히 장애인의 교육 기회 확대에 주목했는데, 이것이 장애인 삶의 질을 개선하는 기초이자 토대라고 생각합니다.

교육부가 제출한 자료에 따르면 2023년 6월 1일 기준, 특수교육대상자 중·초등학교 취학 유예자 수는 총 402명이었습니다. 나이별로는 만 6세 211명, 만 7세 78명, 만 8세 이상 113명이었습니다. 지역별로는 대구가 159명으로 가장 많았습니다. 학생 수 감소 추세에도 특수교육대상자 수는 매년 꾸준히 증가하는 추세입니다. 전국 특수교육대상자 중 약 25%의 학부모가 경기도에 거주 중입니다.

안양·과천·군포·의왕 지역 내 특수교육대상자 아이는 높은 경쟁률 때문에 입학하지 못하는 상황입니다. 이는 학습권 침해입니다. 저는 특수학교와 특수학급 증설을 위해 예산을 최대한 확보하고, 특수교사 등의 인력을 지원하는 일에 최선을 다할 것입니다.

5. 민생(택시 기사와 경비원)

민생문제는 매우 범위가 넓어서 조금만 시각을 넓히면 민생문제가 아닌 것을 찾기가 힘들 정도입니다. 제 활동을 분류해 보고하려다 보니 구분하기가 어려운 문제가 생겼습니다. 그래서 민생으로 분류해 택시 기사와 아파트 경비원 문제와 관련한 활동을 담아보았습니다.

택시비가 많이 올랐습니다. 그렇지만 택시 운전자의 숫자는 줄어들고 있습니다. 과거에 비해 벌이가 시원찮기 때문입니다. 택시 이용 요금

강득구, 경비원 근로기간 유지 포함된
「공동주택관리법」 개정안 대표 발의

2021. 06. 07. | 중부일보

강득구, 경비원 근로기간 보장법 대표 발의

강득구 더불어민주당 의원 (안양만안)은 최근 경비원을 배치하는 자가 근로계약을 체결할 때 최소한의 근로기간이 유지될 수 있도록 노력해야 한다는 내용을 담은 '공동주택관리법 일부개정안'을 대표발의했다.

7일 강 의원에 따르면 경비원 고용방식의 특수성 때문에 경비용역업체가 변경될 때마다 경비원들이 고용승계 여부를 둘러싼 불안정을 겪고 있다. 또 지나치게 짧은 근로계약 및 갱신도 반복되고 있다.

뿐만 아니라 입주자대표회의와 입주민, 경비원 간 갑을관계로 인해 업무 이외의 부당한 지시·명령이 발생하고 있기도 하다.

이에 공동주택 내 경비원의 고용 불안정과 열악한 처우에 대한 개선이 필요하다는 의견이 지속적으로 제기돼 왔다고 강 의원은 설명했다.

강 의원은 "최근 아파트 경비원 해고 사태가 빈번하게 발생하고, 아파트 경비원 고용 문제와 인권 침해 등 사회적으로 논란이 지속되고 있다"고 거듭 지적했다. 그러면서 "경비원들이 단기 계약으로 인해 고용 불안에 시달리고 있는 만큼, 이를 해소하기 위한 실효성 있는 정책 마련을 해야한다"고 피력했다.

이진원기자

(11.3*9.8)cm

이 올라도 택시 기사는 소득이 늘지 않는다고 하소연합니다.

여러 이유가 있을 것입니다. 저는 카카오T와 같은 플랫폼 기업의 전횡도 이유 중 하나라고 생각합니다. 이와 관련, 카카오T의 불공정 거래 관행을 해소하기 위한 간담회를 마련해 대책을 협의했습니다.

아파트 경비원은 고용불안과 열악한 처우로 고생하고 있습니다. 이런 현실을 개선하기 위해 「공동주택관리법 일부개정법률안」을 대표로 발의했습니다.

6. 권력 감시

대한민국은 입법, 사법, 행정의 삼권분립을 헌법에 명시한 민주주의 국가입니다. 권력 감시는 입법과 더불어 국회 본연의 역할이며, 국회의원에게 부여한 책무입니다. 저는 '서울-양평 고속도로' 특혜 의혹, '도이치모터스 사건' 등 현 정권이 저지르거나 저지르려는 일에 진상규명과 시정을 촉구하는 권력 감시활동을 수행했습니다. 권력 감시가 국회의원으로서 저에게 주어진 본연의 임무임을 잘 알고 있기에 충실히 직분을 수행하기 위해 노력했습니다.

'도이치모터스 주가조작사건' · '양평공흥지구 특혜 의혹 사건 수사 촉구

윤석열 대통령 처가를 둘러싼 의혹은 서울-양평 고속도로 종점 변경만이 아니라 이미 불거져 있는 양평 공흥지구 특혜 의혹도 있습니다. 저는 윤석열 대통령의 장모인 최은순 씨가 특혜를 받은 내용을 지난 대선 기간에 접하고 누구보다 열심히 사실을 파헤쳤습니다. 적반하장 격으로 저는 이 건으로 국민의 힘에 의해 고발을 당합니다. 당연히 불기 소처분을 받았습니다.

영부인인 김건희 여사 자신이 연루 의혹을 받는 도이치모터스 주가조 작 사건도 이미 오래전부터 제기된 바 있습니다. 서울-양평 건도 그렇지 만 이 모든 의혹과 관련해 누구보다도 윤석열 대통령 자신이 중심에 있 음을 명심해야 합니다. 특혜의 직접적 수혜자가 누구인지도 중요하지 만 누가 특혜를 부여할 힘을 지녔는지, 누가 사건을 무마할 수 있는 위 치에 있는지가 더 중요합니다.

저는 도이치모터스 주가조작 사건과 관련, 김건희 여사에 대한 제3자 뇌물죄 및 횡령 배임 수사를 촉구했습니다. 아울러 결백을 주장하는 김건희 여사에게 당당하다면 특검을 수용해 수사받도록 촉구했습니다. 이와 함께 대통령 배우자 및 4촌 이내 친족 등을 감찰하는 특별감찰관 임명을 촉구하는 한편, 특별감찰관의 고발 및 수사 의뢰 대상을 검찰총장에서 고위공직자범죄수사처장(공수처장)으로 개정하는 「특별감찰관법 일부개정안」을 대표로 발의했습니다.

'서울-양평 고속도로' 종점 변경

서울-양평 고속도로 종점을 갑자기 변경한 것과 관련, 처음으로 의혹을 제보한 곳은 민생경제연구소였습니다. 제보를 받는 순간, 행정을 경험한 저로서는 도무지 이해하기 힘든 게 너무 많았습니다.

제보를 받고 양평군 현장에 찾아갔습니다. 최재관 여주양평지역위원장, 여현정 양평군 의원 등과 함께 현장을 둘러보고 여러 전문가를 만나 의견을 구했습니다. 이 결과 충분히 특혜 의혹을 제기할 만한 사건이라고 판단했습니다.

'서울-양평 고속도로'는 국도 6호선 정체 해소라는 목적을 위해 2008년부터 십수 년간 일관되게 양평군 양서면을 종점으로 하는 안을 전제로 논의된 국책사업입니다. 그랬는데 2023년 초 갑자기 강상면을 종점으로 하는 노선변경(안)을 국토부가 내놓았습니다. 강상면 일대는 공교롭게도 윤석열 대통령 처가가 많은 땅을 소유한 곳입니다. 이런 곳으로 노선을 갑작스레 변경했으니, 누구라도 대통령이나 영부인의 입김이 작용한 건 아닌지 의심하지 않을 수 없습니다.

저는 2023년 6월 28일 국회 기자회견을 통해 서울-양평 고속도로 종점 변경과 관련한 문제점을 언론에 알리고, 그 자리에서 공개적으로 질의했습니다.

첫째, 왜 서울-양평 고속도로의 노선이 주민도 모르게 급변했는가?

둘째, 국토부는 왜 기존 태도를 바꿔 더 많은 예산이 들어가는 강상면 병산리로 노선을 변경했는가?

셋째, 차량 정체 해소라는 원래 목적과 더 멀어지는 노선 변경이 아닌가?

넷째, 양평 공흥지구 특혜 의혹과 고속도로 종점 변경에 등장하는 의혹의 인물은 왜 겹치는 것인가?

그런데 이때 던진 제 질문에 아직 명확한 답을 듣지 못하고 있는 실정입니다.

첫 국회 기자회견 다음 날, 국회 국토위원회에서 원희룡 국토부 장관은 "국민적 의혹을 사는 행동을 해서는 안 된다"며 "이 부분에 대해서 전면 재검토를 시켰기 때문에 의혹이 없도록 결정하겠다"고 답했습니다. 처음에는 '의혹 해소'가 핵심이었습니다. KDI의 예비타당성 조사까지 통과한 종점안이 대통령 처가 일가의 땅으로 갑자기 변경된 것이 본인도 아마 이상하게 느꼈는지 모릅니다.

그런데 일주일 후인 2023년 7월 6일, 갑자기 '사업 백지화'를 선언했습니다. 이날 원희룡 장관은 언론 앞에서 "서울-양평 고속도로에 대해서는 노선 검토뿐만 아니라 도로 개설 사업 추진 자체를 이 시점에서 전면 중단하고, 이 정부에서 추진했던 모든 사항을 백지화하겠다"라고 선언했습니다. 그러면서 노선이 정말 필요하다면 다음 정부에서 하라고 말했습니다. 심지어 많은 기자 앞에서 '민주당의 날파리 선동'이라는 망발까지 했습니다. 합당한 의혹을 제기하는 국회의원에게 국무위원이

선을 넘어선 반응을 보이는 것이 이해할 수 없었습니다.

애초부터 서울-양평 고속도로 사업은 국책사업입니다. 국가가 주도해 예비타당성 조사를 마치고 나랏돈 약 1조 8000억 원을 투입하는 사업입니다. 정부와 지방정부가 머리를 맞대고 숙의한 사업입니다. 그런데 윤석열 정권에서 갑자기 변경했습니다. 정권이 바뀌고, 국민의힘 후보가 군수가 되고, 해당 지역 여당 의원이 상임위를 국토위로 바꾸면서 말입니다.

종점을 변경한 곳에 대통령 부부를 포함한 처가의 땅이 다수 있음이 확인됐습니다. 변경안을 검토할 때 대통령 처가 땅이 있다는 사실을 검증했어야 합니다. 그런 사실을 몰랐다는 원희룡 장관의 변명은 1년 전의 국감 때 자료를 보면 거짓말임을 알 수 있습니다.

더불어민주당은 이 사안을 심각하게 받아들이고 TF를 구성하기로 했습니다. 그러면서 제게 TF 단장을 제안했습니다. 대통령 부부와 처가 일가의 특혜 의혹을 밝히는 일이라면 당연히 해야 했습니다. '더불어민주당 서울-양평 고속도로 특혜 의혹 진상규명 TF'를 구성하고 여러 차례 기자회견을 통해 장관의 무책임한 백지화 철회를 요청했습니다. 또, 노선 변경이 '민주당의 요청'에 따라 이뤄졌다는 거짓 주장을 강하게 비판하고, 문제를 제기했습니다.

한 걸음 더 나아가 특혜 의혹을 제대로 밝히기 위해 TF 대신 특별위원회를 구성하기로 했습니다. 저를 비롯해 국토위원회, 법사위원회, 정무위원회 소속 의원들과 함께 '대통령 처가 고속도로 게이트 진상규명 특별위원회'를 최고위원회 의결로 발족했습니다.

국민이 원하는 것은 복잡한 것이 아닙니다. 종점을 변경하는 과정에서 왜 변경했는지, 누가 지시했는지, 그 과정에 외압은 없었는지 밝혀달라는 것입니다. 2019년 3월, 예비타당성조사 대상에 선정되고, 2021년 5월에 발표된 예타(예비 타당성 조사) 결과 자료를 보면 종점은 양평군 양서면입니다. 2022년 2월 '제2차 고속도로 건설계획'에도 양평군 양서면을 종점으로 발표했습니다. 순조롭게 진행되던 사업이 2023년 5월 8일 '서울-양평 고속도로 건설사업 전략환경영향평가' 공개에 의해 종점이 강상면으로 변경된 것이 알려졌습니다. 나중에야 밝혀진 것이지만, 보도에 따르면 대국민 공개가 5월 8일이었을 뿐 실제 용역업체 자료를 보면 용역 착수 단 10일 만에 변경을 검토했습니다.

종점 변경을 누가 먼저 제안했는지에 대한 답변도 계속 오락가락했습니다. 국토부는 종점 변경을 양평군에서 제안했다고 했다가 용역업체가 했다고 번복하기도 했습니다. 그러나 국토부의 지시를 받는 용역

서울양평고속도로 특혜 의혹 진상규명 TF 기자회견

양평 현안관련 기자회견

업체가 국토부의 지시도 없이 전혀 다른 안을 제출할 것이라고 믿는 국민은 없을 것입니다. 국토부장관은 국회 국토위원회 전체회의에서 한준호 의원과의 질문과 답변 과정에서 용역사에 과업 지시를 국토부가 하고 있으며, 그 과정 중에 노선이 바뀌었다면 누가 지시한 것이냐는 질문에 '국토부가 했다'라고 답변하기도 했습니다. 어떻게든 막아보려고 했겠지만, 계속해서 쏟아지는 질문에 진실을 말하고 만 것입니다.

심지어 국토부의 타당성조사 과업지시서에는 예비타당성조사의 B/C(비용 대비 편익)를 비교하라는 경제성 분석 지시까지 들어 있습니다. 그러나 이에 대한 결과를 제대로 받지 않은 채 국토부는 용역비 18억 6000만 원을 지급했습니다. 과업을 다 이행하지도 않은 업체에 용역비용을 집행하다니, 있을 수 없는 일입니다.

서울-양평 고속도로 특혜 의혹과 지난 대선 기간에 논란이 된 양평 공흥지구 개발 특혜 의혹은 공통점이 있습니다. '양평'이라는 배경, 대통령 주변인 등의 인물 등장, 그리고 권력이 개입하지 않으면 불가능할 것이라는 세 가지 점입니다. 단순히 전문기관의 조사에 따라 공정하게 이뤄졌다고 믿기 힘든 부분이 너무나도 많습니다.

종점 변경 과정의 문제점은 이미 거의 드러났습니다. 이제 누가 종점 변경을 지시했는지 그 사실만 밝히면 됩니다. 그런데 살아있는 최고 권력과 밀접하게 관련이 있는 규명 작업입니다. 관련 공무원 모두 입을 닫고 있습니다. 장관 또한 이랬다저랬다 발뺌만 하고 있습니다.

이제는 윤석열 대통령이 나서서 분명한 입장을 밝혀야 합니다. 국토부 뒤에 숨어 먼 산 쳐다보듯 해서는 안 될 일입니다.

저는 대다수 국민이 의혹을 품은 사안인 만큼 철저히 진상을 규명하도록 하겠습니다. 아울러 원안대로 조속히 서울-양평 고속도로 건설이 이루어지도록 노력하겠습니다.

2년 전 민주당이 노선 변경을 요청했다는 것은 가짜뉴스입니다. 원희룡 장관은 진실 왜곡과 국민 호도를 즉각 중단하십시오.

원희룡 장관이 쏘아 올린 서울-양평 고속도로 백지화 발표는 고속도로 건설을 기다려 온 많은 국민과 양평군민에게 씻을 수 없는 상처를 남겼다. 예비타당성조사를 통과했을 때 양평군민의 기뻐하는 모습이 지금도 생생한데, 백지화라는 청천벽력 같은 소식을 접했으니 얼마나 허탈해하며 슬픔에 잠겨 있을지 참담한 심정이다.

서울-양평 고속도로는 양평군 민선 7기 최고의 숙원 사업이자 양평군민에게 한 약속이었다. 이 사업은 양평 100년의 미래를 위한 사업으로 추진했으며, 서울-양평 고속도로 건설에 관한 예비타당성 통과는 민선 7기의 최고 성과로 평가받았다.

세종시에서 진행했던 서울-양평 고속도로 예비타당성 심사 마지막 관문인 '서울-양평 고속도로 SOC분과위원회'에서는 사업의 추진 필요성을 다음과 같이 밝혔다.

첫째, 수도권 주민의 상수원 공급을 위해 양평의 수많은 규제로 묶

인 낙후한 지역경제를 살려야 한다는 간절함

둘째, 6번 국도의 만성적이고 극심한 차량 정체로 응급상황에 제때 대처하지 못해 적기(골든타임)를 놓치는 비통함을 담은 간절함

셋째, 수십 년간 우리가 겪었던 낙후한 인프라를 우리 아이에게만큼은 절대로 물려주고 싶지 않은 간절함

양평군민은 여전히 교통체증 해소와 지역발전이라는 염원을 안고 고속도로 추진을 원하고 있다. 그런데 원희룡 장관의 백지화 발표로 하나로 모았던 마음이 흩어져 지역 내 갈등을 낳았고, 그 골이 점점 깊어지고 있다.

지역 내 분열은 다음 세대에 큰 짐이 될 뿐만 아니라 양평군 발전을 저해하는 가장 큰 적이 될 것이다. 양평군민의 분열을 막기 위해서라도 하루속히 고속도로 건설 사업을 즉시 추진해야 할 것이다.

더욱이 원희룡 장관은 노선 변경을 민주당에서도 계속 주장해 왔다는 허위 사실로 진실을 왜곡하고 국민을 오도하고 있다. 하지만 민주당 출신 군수, 지역위원장은 강상면을 종점을 하는 현재 대안 노선을 변경해 달라고 요청한 적도 없고, 현재 위치에 있는 강하IC 설치를 요구한 적도 없다.

2022년 7월 국토부가 관계기관 협의 요청 1차 공문 발송 당시에 양

평군은 양서면을 종점으로 하는 기존 노선을 전제로, 강하면 운심리 인근에 IC 신설을 요청했다. '경제성, 타당성, 지역주민 편의성 확보'라는 명확한 이유를 달아 국토부에 의견을 제출했다. 그런데, 국토부는 2023년 1월, 2차 협의요청 공문을 발송하며 강상면을 종점으로 하는 신규 노선에 대한 검토를 요청했다. 언론 보도에 따르면, 당시 양평군 담당자는 국토부가 노선을 결정해서 보낸 것으로 인지하고 이에 대한 의견만 제출했다고 한다.

과연 누가, 왜, 종점을 변경하려 한 것인가. 국토부가 왜 이런 공문을 발송한 것인지 국민의 의혹이 점점 커지고 있다.

원희룡 장관에게 촉구한다. 서울-양평 고속도로 건설 백지화를 즉시 철회하라. 가짜 뉴스로 국민을 오도하지 말고, 원안이 변경된 이유를 국민과 양평군민께 명명백백히 설명하라. 서울-양평 고속도로 사업을 원안대로 즉각 추진하라.

윤석열 대통령도 양서면을 종점으로 하는 서울-양평 고속도로 건설 사업을 기반으로 공약을 발표한 바 있다. 윤석열 대통령과 원희룡 장관은 국민 앞에 한 약속을 반드시 지키길 바란다.

(2023. 7. 9. 더불어민주당 '서울-양평 고속도로 특혜의혹 진상규명 TF')

'국정감사 우수의원상' 수상

자기 입으로 자기가 어디서 상을 받고 좋은 평가를 받았노라고 알리는 것은 쑥스러운 일입니다. 그렇지만 쑥스러움은 저의 감정이고, 내가 뽑은 국회의원이 어떤 평가를 받고 있는지 알리는 것이 공인의 책무라고 생각해 의정활동을 보고하는 이 책에 수록했습니다.

솔직히 말씀드려서 국회의원에게는 여러 곳에서 상을 줍니다. 그렇지만 자신이 속한 당에서 주는 상은 가치가 다릅니다. 송구하게도 2년 연속 당이 수여하는 '국정감사 우수위원상'을 받았습니다. 쿠키뉴스가 주는 '입법 우수국회의원상'도 수상했습니다. 더 잘하라는 채찍질로 알고 더욱더 분발하겠습니다.

제5부

안양 만안
의정활동 기록

사람은 자기가 태어난 장소, 혹은 고향에 뿌리를 내리고 살았습니다. 그런데 현대에 들어서면서 도시화·산업화로 인해 뿌리를 내리지 못하고 부유하는 삶을 살게 됐습니다. 현대인은 어디에서나 살 수 있게 됐으나 어디에서도 과거 시대 고향이 지니는 삶의 안정성을 누릴 수 없게 됐습니다. 고향에 대한 의식이 아예 없는 경우도 많습니다. 한나 아렌트는 현대인의 이러한 삶의 특징을 '장소 상실'로 규정한 바 있습니다. 이것은 20세기 최고의 철학자로 평가받는 그의 스승 마틴 하이데거(Martin Heidegger)가 현대를 '고향상실의 시대'로 규정한 것에서 유래합니다.

　저는 한나 아렌트보다 행복한 사람입니다. 아렌트는 무국적자가 돼 이 나라 저 나라 이곳저곳을 떠돌아다니는 삶을 살았지만, 저는 그런 처지를 겪지 않았습니다. 어려서부터 안양 만안에서 성장했고, 이곳에서 결혼해 아이 낳고 살아가고 있습니다. 그래서 저는 저 스스로 '만안의 아들'임을 자처할 수 있습니다. 현대인치고는 뿌리 상실을 겪지 않은 셈입니다.

안양 만안은 제가 도의원을 거쳐 국회의원으로 활동할 수 있게 허락해 준 저의 뿌리, 곧 저의 장소이자 고향입니다. 여러 사람이 만안에 오기도 하고 떠나기도 합니다. 그러나 저는 한결같이 안양 만안을 지킬 수 있었습니다. 행운이 아닐 수 없습니다. 이런 제가 지역을 위해 할 수 있는 최선을 다하는 것은 당연합니다. 제5부는 만안과 안양, 경기도 관련 의정활동의 기록입니다.

1. 안양역 앞 흉물 '원스퀘어' 철거

드디어 철거됐습니다. 거의 4반세기 동안 안양의 중심부인 안양역 앞을 차지했던 흉물 '원스퀘어' 건물을 2022년부터 철거하기 시작했는데, 이제야 완료했습니다. 그동안 참고 기다려 주신 안양시민 여러분, 고맙습니다.

건물 철거는 쉽지 않았습니다만, 얽힌 매듭을 법안 개정으로 풀기 시작했습니다. '안양역 앞 폐건물 철거를 위한 범시민대책위원회'를 발족해 먼저 관련 부처인 국토부와 접촉하고 LH, 경기도, 안양시 등과도 여러 차례 논의하면서 대안을 모색했습니다.

저는 「공사중단 장기방치 건축물의 정비 등에 관한 특별조치법 일부

개정법률안」을 대표 발의해 기초자치단체장이 철거 권한을 행사할 수 있게 했습니다. 안양시민과 정치인이 한마음으로 단결해 이루어낸 성과이기에 더욱 감개무량했습니다.

건물을 철거한 자리는 2023년 8월 25일부터 임시 공영주차장으로 운영하고 있습니다. 안양역 바로 앞에 있는 중심 상권인 만큼 앞으로 안양시가 안양역 주변 활성화를 위한 지구단위계획을 수립해 종합적인 활성화 방안을 마련할 수 있게 돕겠습니다.

2. '서울대관악수목원' 시범개방에서 전면개방으로

서울대관악수목원이 한시적으로 개방을 시작했습니다. 전면적인 개방으로 이어질 날이 머지않았습니다. 40여 년 출입이 제한됐던 서울대관악수목원이 다시 안양시민의 품으로 돌아온 것입니다. 2022년 봄에 하루, 가을에 열흘, 그리고 2023년 올봄에 23일, 가을에 26일로 총 4회에 걸쳐 개방을 진행했습니다.

서울대 관악수목원은 면적이 총 1550만 5962m²로, 안양시와 과천시와 서울 관악구에 걸쳐 있습니다. 수목원의 주요 기능을 담당하는 곳은 약 93만 7,150m²에 이릅니다. 예술공원과 맞닿아 있지요. 완전히 폐쇄했던 것을 2014년부터 후문 개방으로 전환했는데, 이때는 등산객

안양 원스퀘어 철거 시작…강득구 "예산안과 2040 도시기본계획에 안양역 상권 활성화 방안 담겨야"

2022.3.29. | 경인일보

안양역앞 '24년 흉물' 사라진다
방치된 원스퀘어 건물 7월 철거

1998년 사업 악화로 공사 중단

우여곡절 끝 건축물 해체 결정

복합건축물 형태로 설계 진행

공사 중단 뒤 24년간 흉물로 방치돼 있는 안양역 앞 원스퀘어 건물. /안양시 제공

장기간 공사가 중단되면서 24년간 흉물로 남아있던 안양역 앞 원스퀘어 건물이 철거된다.

28일 안양시에 따르면 해당 건물의 건물주는 지난 24일 건축물 해체 신청서를 제출했다. 해체 작업은 국토안전관리원 심의와 감리자 지정을 거쳐 오는 7월부터 시작될 것으로 보인다.

건축물은 안양1동 668-29, 668-42번지에 위치해 있으며 연면적 3만8천409㎡, 지하 8층~지상 12층 규모다. 공정률은 67% 골조 공사만 끝마친 상태로 건물 뼈대만 남아있다.

1996년 2월6일께 건축허가가 났지만 당시 사업주체의 사업 악화로 대지 가압류 설정, 토지 경매 등이 진행되면서 2년여 만인 1998년 10월께 공사가 중단됐다.

2013년 공사 재개 안전점검이 이뤄지고 2020년 숙박시설 등의 목적으로 건축, 교통, 경관 통합심의가 이뤄졌지만 코로나19 여파로 이마저도 여의치 않는 등 우여곡절을 겪었다.

원스퀘어 건축물이 장기 방치되면서 시는 2019년 시외버스 공영터미널의 승객대기실을 원스퀘어에 조성하기로 하고 42억원 규모의 업무 협약(MOU)을 체결하기도 했다. 지난해 4월께는 더불어민주당 강득구(안양

만안) 국회의원과 안양만안지역위원회, 원스퀘어 빌딩의 조속한 해결을 위한 범시민 TF팀 등 12명이 안양시청에서 기자회견을 열고 안양 원스퀘어를 조속한 시일 내에 정상화해달라고 촉구(2021년 4월15일자 8면 보도)하기도 했다.

이곳에 들어설 신축 건물은 현재 설계가 진행 중이다. 상업지역에 위치해 있는 만큼 상가와 오피스텔이 함께 들어설 수 있는 복합건축물의 형태가 될 것으로 보인다.

시 관계자는 "최대한 안전을 확보해 철거가 이뤄지도록 하겠다"며 "안양역과 안양1번가 일대 미관을 향상시키는 기회로 삼겠다"고 말했다.

안양/이석철·이원근기자
lwg33@kyeongin.com

(11.8*22.0)cm

서울대관악수목원에서 강득구와 함께 걷기 행사

서울대관악수목원 2차 개방 현수막, 안양예술공원

이 하산 시에만 수목원을 통해 안양예술공원으로 내려올 수 있었습니다. 2018년 4월부터는 시민을 대상으로 '안양형 산림치유사업과 목공체험 프로그램'을 예약제로 운영했으나 인원을 제한해 개방을 요구하는 목소리가 이어졌습니다.

21대 국회 개원(2020년 5월 30일) 후 서울대와 서울대관악수목원 전면 개방에 관한 논의를 시작했고, 안양시와 서울대가 MOU를 체결하는 밑거름이 되었습니다. 이어 교육부·서울대와 협의, 2022년도 서울대 예산 중 전면 개방에 필요한 필수시설 구축과 관련한 예산을 지원하기로 합의했습니다. 현재 서울대가 수목원 개방을 위한 계획안을 작성하고 있고, 2023 국정감사 때는 신임 서울대 총장으로부터 계획대로 차질 없

이 진행하겠다는 확답을 받았습니다.

3. 안양시청 만안구 검역원 부지로 이전 추진

만안구는 평촌신도시가 생기기 이전에 안양은 물론 군포, 의왕, 과천, 시흥 등의 중심지 역할을 해 왔습니다. 이후 신도시가 만들어진 후 주요 관공서가 모두 평촌으로 이전하면서 원도심으로 지금의 모습을 이어오고 있습니다.

안양시청

안양 전체의 균형 발전을 위해 '동안구는 경제특구'로 '만안구는 행정특구'로 특화시켜 세수 확보는 물론 만안구의 활성화에 힘쓰겠습니다. 23년 올해 시청사 이전을 위한 안양시 용역을 착수하고, '시청사 이전을 위한 동반성장위원회'가 출범했으며, 시민 원탁토론회, 시장 직속의 기업유치추진단을 구성하는 등 본격 활동에 들어갔습니다.

현재 안양시청은 안양 상권의 중심지에 위치해 있으나 저녁 시간에는 인근에 거의 유동 인구가 없어서 오히려 좋은 기업이 그 자리에 들어서는 것이 동안구를 위해서도 만안구를 위해서도 좋은 일이라고 봅니다.

만안구 검역원 부지가 지방으로 이전되던 2010년에 저는 안양시가 이 부지를 매입하도록 요청했습니다. 지금 검역원 부지가 안양시 소유라는 것이 얼마나 큰 도움이 되는지 모릅니다. 기업에서 현 부지를 매입하는 금액으로 토지에 대한 부담 없이 검역원 자리에 새로운 시청을 비롯하여 관공서와 복합시설을 짓는다면, 안양시는 시청 이전에 대한 별도 예산을 확보하지 않고 새로운 세수 확보와 만안구 발전, 동안구 상권 활성화라는 세 마리 토끼를 잡을 수 있습니다.

안양시민들의 중지를 모아 동안구와 만안구가 동반성장할 수 있는 길을 만들어 내겠습니다.

4. '서안양(박달)스마트밸리사업' 추진,
박달역 유치를 위한 노력

베드타운화하는 안양은 자족성과 정주성을 확보하기 위해 '서안양 스마트밸리사업'을 차질 없이 진행해야 합니다. 이 사업의 성공과 시민의 생활 편의성을 확보하려면 교통망 확충이 매우 중요한데, 저는 안양 서부권인 박달동의 철도망 구축을 위해 나름대로 애를 많이 썼습니다.

2021년에 제4차 '국가철도망기본계획'에는 인천2호선 연장선이 추가 노선으로 결정됐습니다. 4차 계획의 추가 노선은 독산 방향과 안양

서안양 (박달)스마트밸리 간담회, 강득구의원실

인천2호선 안양연장선 추진 논의 필요성 공감

2021. 7. 13 | 인천일보

인천2호선 안양연장선 추진 논의… 필요성 공감

강득구 의원, 국토부 황성규 제2차관 면담

강득구 의원(더불어민주당, 안양만안)은 지난 8일 안양 서부권을 통과하는 철도망인 인천2호선 안양연장선 관련한 논의를 위해 국토부 황성규 제2차관과 면담했다고 12일 밝혔다.

지난 달 29일, 국토부가 제4차 국가철도망기본계획에 인천2호선 안양연장선이 추가노선으로 최종발표를 한 바 있다.

이 날 면담에서는 인천2호선 안양연장선의 경제타당성이 나름 우수한 노선임을 확인하고 이후 신설노선으로 확정되기 위해 경제성을 끌어올릴 수 있는 조건을 잘 숙성시키는 것의 중요함을 상호 공유했다.

황성규 차관은 "기본 조건으로 거론되고 있는 광명시흥 3기 신도시와 박달스마트밸리 사업은 이번 발표에서 경제성을 측정하는데 반영될 수 없는 상황이었으나 이후 두 사업 모두 가시화되면 경제타당성을 확보하는데 중요한 역할을 할 것"이라며 "안양의 입장에서도 그 어

면 노선보다 매력적인 노선일 것"이라고 내다봤다..

강득구 의원은 "베드타운화 되어가고 안양이 자족성과 정주성을 확보하기 위한 방안을 만들어야 하고 서안양스마트밸리는 중요한 열쇠이다. 스마트밸리의 성공과 시민들의 생활편의성을 확보하기 위한 교통망 확충은 매우 중요하다"며 안양 서부권인 박달동의 철도망 구축을 위해 최선을 다하겠다는 의지를 피력했다. 인근 지자체인 광명, 시흥과 안양시가 연대하여 이후 인천2호선 안양연장선이 힘을 받을 수 있는 방안을 전략화하는 것도 매우 중요하다는 입장이다. 이후 국토부와 계속적인 논의를 해나갈 것이라는 부분도 피력했다.

한편, 인천2호선 연장선은 지난 제3차 국가철도망기본계획에 추가노선으로 들어간 후, 독산방향과 안양방향 두 노선이 경합을 벌인 결과 4차 계획에 안양방향이 추가노선으로 결정되었고 독산방향노선은 탈락됐다.

/남창섭 기자 csnam@incheonilbo.com

(14.0*11.7)cm

방향의 두 노선이 경합을 벌였는데, 결과는 안양 방향이 추가 노선으로 선택받았습니다. 얼마 전에는 서안양 스마트밸리사업의 민간시행사가 결정됐습니다. 이제 구체적으로 일할 조건이 만들어진 셈입니다. 국방부와 안양시 모두에 꼭 필요한 사업이므로 큰 틀의 국가 정책으로 손색이 없습니다.

서안양 스마트밸리사업 성공에 광역교통망 확충은 따로 떼어 생각할 수 없는 불가분의 관계이자 안양의 미래 성장동력을 확보하기 위한 필수조건입니다. 현재 안양시에서는 박달동 인근의 서안양 권역의 교통망 해소를 위해 '인천2호선 안양연장선'을 비롯하여 '광명-시흥선 연장', '위례-과천선 연장'에 이르기까지 가장 타당한 노선을 확실하게 안양으로 들여오도록 하는 철도망 용역을 진행하고 있습니다. 성공적으로 이뤄낼 수 있도록 최선의 노력을 다하겠습니다.

5. 안양천 국가정원화 추진, 친환경 '안양천 백 리 길'

도시는 공원이 없으면 죽은 곳이 됩니다. 안양에는 시민의 젖줄이나 다름없는 안양천이 흐르고 있습니다. 안양천 백 리 길을 친환경으로 조성해 시민의 휴식 공간으로 만들고자 합니다. 안양천을 한강 둔치 못지 않은 휴식과 힐링 공간으로 탈바꿈하는 일에는 안양천 주변의 서울과 경기 지자체장도 함께합니다.

안양천을 낀 서울권 지자체끼리의 연대를 추진한 구로구 사례를 다룬 신문 기사가 상상력의 출발이었습니다. 경기권의 안양천도 체계적인 명소화 사업을 진행해 시민의 휴식 공간으로 바꾸면 좋겠다고 생각하고 2021년 1월 말에 이성 구로구청장을 만나 연대를 제안했습니다. 그

안양천을 사랑하는 국회의원 모임

리고 국회에서 안양천을 끼고 있는 지역구 국회의원이 함께 '안양천을 사랑하는 국회의원 모임'을 결성하기로 뜻을 모았습니다. 모두 8개 지자체 14명의 국회의원에게 제안하고 협약식을 이끌어냈습니다. 국가정원으로 가는 전 단계인 지방정원을 위해 경기도권 안양천은 올해 산림청에서 지방정원 예정지로 선정되어 있습니다.

1999년 서울과 경기의 11개 지자체가 시민과 함께 안양천 살리기 운동을 전개, 안양천을 다시 살린 적이 있습니다. 이때의 경험을 토대로 각 지자체의 특성에 맞게, 그러나 통합의 관점에서 안양천을 시민의 휴식 공간으로 거듭날 수 있게 하겠습니다.

6. 연현마을 상황 극복을 위한 법안 발의

모두 아시다시피 연현마을은 아스콘 공장 때문에 오염물질 배출, 악취와 소음·진동 등 생활에 큰 어려움과 건강상의 위협을 받아 왔습니다. 2017년 하반기부터 주민들과 정치인이 중심이 되어 안양시, 경기도와 방안을 마련해 친환경 공원을 조성하는 계획을 진행 중입니다. 다만, '도시관리계획 공원화 결정 취소 청구 소송'이 아직 진행 중이어서 촉각을 곤두세우고 있습니다.

국회에서 할 수 있는 일을 최대한 해내기 위해 법안 발의를 비롯하여

아스콘공장 없는 건강한 교육환경 조성을 위한 국회 교육위원 기자회견

경기도 강득구 의원, 총선공약 '연현마을 3법' 발의

2020. 12. 29. | 인천일보

총선 공약··· "안전한 생활환경 보장"

강득구(민주당·안양만안·사진) 국회의원이 29일 21대 총선 공약이었던 주민의 건강과 안전한 환경을 위한 일명 '연현마을 3법'을 대표 발의했다.

연현마을 3법은 대기오염물질 배출시설의 설치 허가 유효기간을 5년으로 정하는 '대기환경보전법 개정안', 악취 관리지역의 사업장에서 발생하는 악취에 대해 연 1회 이상 실태조사를 하는 '악취방지법 개정안', 공장에서 배출되는 소음·진동에 대해 연 1회 이상 의무적으로 검사하는 '소음진동관리법 개정안'이다.

'대기환경보전법' 개정안은 대기오염 배출시설의 설치 허가 유효기간을 5년으로 정하고, 유효기간 만료 전에 허가를 갱신하도록 했다. 또 유치원, 초등학교, 어린이집 등 영유아·어린이 등이 이용하는 시설에 인접한 지역은 보다 강화된 배출허용 기준을 적용해야 한다.

'악취방지법' 개정안은 악취관리지역으로 지정된 사업장이 연 1회 이상 악취 발생 실태를 조사하도록 명확히 규정하고, 생활 악취 발생의 원인이 된다고 인정되는 시설 등에 대해서는 방지를 위한 대책을 의무적으로 수립·시행하는 내용이 담겼다.

'소음·진동관리법' 개정안은 일정 기간이 지난 후에도 소음·진동이 배출허용기준 이하로 배출되는지 연 1회 이상 검사를 하는 근거를 마련하도록 했다. 또 배출허용기준에 맞게 배출되더라도 주민의 민원이 제기되는 등 타당한 이유가 있으면 수시로 점검·검사해야 한다. 배출허용기준 이상으로 3회 이상 배출한 경우, 배출시설의 설치허가를 취소도 가능하다.

강 의원은 "안양의 연현마을은 유·초·중등학교와 아스콘 공장이 가까이 있어, 고질적인 환경 문제로 인해 지역의 학생과 주민들이 고스란히 그 피해를 보아왔다"며 "학교 인근뿐만 아니라 주민들의 건강이 침해받을 소지가 있는 환경 위해시설에 대한 제재가 꼭 필요하기 때문에 '연현마을 3법'을 발의한 것"이라고 말했다.

이어 "21대 국회에서 '연현마을 3법'을 반드시 통과시켜 연현마을 뿐 아니라 비슷한 문제를 겪고 있는 곳의 시민들이 건강하고 안전한 생활환경을 보장받을 수 있도록 최선을 다하겠다"고 했다.

/최남춘 기자 baikal@incheonilbo.com

(11.7*17.2)cm

국회 교육위원회 의원들과 기자회견을 했습니다. 연현마을 아스콘 공장의 문제는 오염물질 배출 따로, 악취 따로, 소음과 진동 따로 법을 만들지 않으면 안 된다는 데 있었습니다. 세 가지인데 하나로 묶어 「연현마을 3법」이라고 이름을 붙였습니다. 그리고 「교육환경 보호에 관한 법률」 개정안을 대표발의하여, '교육환경보호구역'에서 '통계청장이 고시하는 한국표준산업분류에 의한 제조업 중 시멘트·석회·플라스틱 및 그 제품 제조업'을 금하도록 했습니다.

앞으로도 연현마을의 고통을 줄여 그곳에 사는 분들이 건강하고 즐겁게 생활할 수 있도록 노력하겠습니다.

7. 만안구 중심상권 활성화 추진

안양일번가를 중심으로 안양지하상가와 중앙시장은 만안뿐만 아니라 안양의 중심 상권으로의 역할을 해왔습니다. 그러나 평촌 상권이 생기고 온라인 시장이 확대되면서 다소 위축되고 있습니다. 더구나 코로나19를 거치면서 만안의 중심상권이 어려움을 겪고 있습니다. 그러나 항상 돌파구는 있습니다. 어떻게 길을 찾아야 하는지가 중요합니다.

안양3동의 댕리단길이 부각되면서 골목상권의 역할이 어느 때보다 중요해졌습니다. 그리고 전통시장이나 지하상가가 변화하는 소비자의 기대에 부응할 수 있는 길을 모색해야 합니다.

　대한민국의 10대 전통시장이기도 한 안양중앙시장 바로 옆에 삼덕공원 공영주차장이 신설되도록 경기도 연정부지사 시절부터 애써왔습니다. 또한 '네이버 동네시장 장보기' 시스템을 도입하는 등 전통시장 현대화에 앞장섰습니다. 현재, 안양역까지 이어지는 지하상가의 활성화

우리동네 단골시장

2022. 11. 11. | 경인일보

안양중앙시장·카카오 '우리동네 단골시장' 업무협약

　카카오의 전통시장 상생 사업이 경기도에선 안양중앙시장에서 첫선(11월10일자 12면 보도)을 보이는 가운데 10일 사업 시행을 위한 업무협약 체결이 이뤄졌다.

　이날 오후 안양중앙시장상인회와 해당 사업을 진행하는 카카오임팩트 관계자들은 오는 14일 사업 착수를 위한 발대식을 가졌다. 발대식엔 지역구인 강득구(민·안양 만안) 국회의원도 참여했다.

　앞으로 안양중앙시장 점포 150곳가량은 시장에 상주하는 '디지털 튜터'로부터 교육을 받아 카카오톡 채널로 각 점포의 제품을 홍보하게 된다. 소비자들은 각 점포 채널에서 할인 정보를 확인하는 한편, 실시간 채팅을 통해 제품에 대해 문의하거나 주문할 수 있다. 전 국민이 사용하는 카카오톡을 통해 전통시장에 대한 접근성을 높이는 것이다. 김기성 안양중앙시장 상인회장은 "전통시장이 어려움이 큰데 이번 사업을 통해 활력을 얻으면 좋겠다"며 "안양중앙시장이 성공해 더 많은 상인에게 도움이 되면 좋겠다"고 말했다. /강기정기자 kanggj@kyeongin.com

(17.9·4.7)cm

를 위해 안양시, 안양시의회와 조례 제정 등을 논의하며 소통하고 있습니다. 그러나 개별적인 상권 활성화보다 더 거시적인 논의가 필요하다는 것이 제 생각입니다. 이에, 안양시에 촉구하여 안양1번가 일대 6개 상권인 안양1번가, 댕리단길, 중앙시장, 남부시장, 안양1번가지하상가, 중앙지하도상가를 모두 아우르는 '상권활성화 방안 연구용역'을 진행하도록 했습니다. 이 연구를 기반으로 과거의 명성을 되찾을 수 있는 명실상부한 안양중심상권으로의 부활을 모색하겠습니다.

8 '안양형 미래교육자치협력지구' 출범

안양에서 초·중·고를 모두 마친 사람으로서 안양 교육에 각별한 관심을 갖지 않을 수 없습니다. 국회의원이 되기 전에도 안양 교육의 미래를 위해 여러모로 고민하고 활동해 왔습니다.

안양을 교육도시로 만들고 싶습니다. 이를 위해 안양의 미래 교육 비전을 함께 수립하고, 함께 준비할 '안양형 미래교육자치협력지구'를 출범하게 했는데, '미래형 교육자치협력지구'는 기존에 각 지역에서 진행한 혁신교육지구 사업을 심화·발전시킨 사업입니다. 2020년부터 시작한 이 사업은 교육부를 비롯한 다양한 부처(국토부, 행안부, 보건복지부 등) 협업으로 이루어집니다. 안양시는 2022년과 2023년 2년 연속 교육부

안양시미래교육협력지구 5권역 마을축제

가 지정하는 미래교육자치협력지구에 선정되었습니다. 덕분에 만안구의 박달권역에서 2022년과 2023년에 학교와 주민이 함께하는 마을축제를 진행했습니다. 학생과 학부모, 그리고 시민이 함께하는 모습이 돋보이는 축제였습니다.

공동체와 교육자치라는 시대정신을 구현하는 것이 거창한 것은 아닙니다. 우리 마을의 교육을 우리가 책임진다는 마음으로 아이를 중심에 놓고 교육 문제를 풀어가는 일입니다. 안양형 교육자치협력지구가 성공모델이 될 수 있도록 함께하겠습니다.

9. 만안구 원도심 '통학로 안전프로젝트' 시행

만안구는 원도심의 특성상 학생들이 통학할 때 이면도로를 통과하거나 차량과 엉키는 경우가 많습니다. 그렇기에 학생이 다니는 통학로 안전을 담보할 수 없었습니다. 이에 따라 통학로가 안전해질 수 있도록 만안구 초등학교 학생·학부모·학교의 의견을 수렴하여 안양 관내 관련 기관인 안양과천교육지원청, 안양시, 만안경찰서, 초록우산어린이재단과 협약을 맺고 한마음으로 학생들의 안전을 담보하기 위한 '통학로 안전프로젝트'를 진행했습니다.

23년 봄부터 시작된 프로젝트는 가을까지 이어져 이후 안양시의 정

안전하고 쾌적한 통학로 확보를 위한 범기관 협약식

책과 예산을 확보하기 위한 범기관 및 교육주체 확대 간담회(2023. 9. 25)로 마무리되었습니다. 안양초 앞에 새롭게 그려진 교통안전 벽화는 '만안구 안전하고 쾌적한 통학로 확보를 위한 범기관 협약식 및 간담회'(2023.6.16. 강득구 주최) 이후 학교와 지역사회가 협력해 이뤄낸 상징입니다. 이후 중학교와 고등학교까지 더 많은 학교의 통학로 안전을 확보하기 위해 뛰겠습니다.

10. LG유플러스 초고압선 지중화 전 구간 차폐막 설치

만안구에서 시작하여 동안구에 이르는 구간에 걸쳐 LG유플러스 데이터센터를 위한 15만 4천볼트의 초고압선 매설이 문제가 되어 22년 하반기부터 논란이 되었습니다. 인근 주민들을 중심으로 주민대책위원회가 구성되고 동안구의 민병덕 의원이 함께 안양시와 이 문제를 해결하기 위해 대표단을 구성했습니다. 주민들의 자발적인 참여와 문제 해결을 위한 촉구는 역시 큰 힘을 발휘합니다. 이번 경우도 역시 그랬습니다. 23년 8월 10일, 주민대표를 비롯하여 LG유플러스, 안양시, 국회의원 및 시의원이 참석한 가운데, 전 구간 7km 중에서 물리적으로 설치가 불가능한 구역과 횡단보도가 없는 교차로, 사람이 거주하지 않는 공업단지를 제외한 6.2km에 사실상 전 구간 차폐막을 설치하는 것에 합의

하였습니다. 이후에도 같은 일이 반복되지 않도록 하기 위해 국회 입법 활동은 국회의원으로서 꼭 필요한 일입니다. 「전기사업법 일부개정법률안」을 대표 발의하여 특고압 전선로 지중화 안전기준을 마련하고 지역주민과의 협의를 의무화하도록 했고, 「교육환경 보호에 관한 법률 일부개정법률안」을 대표발의하여 특고압 전선으로부터 교육환경을 보호하도록 했습니다.

시민의 삶의 질을 중심에 놓고 정치 행위든 행정 절차든 이루어져야 한다는 진리가 안양에서 실현된 중요한 사건입니다.

데이터센터 갈등 해법은 법 개정, 정보 공유

2023. 01. 17. | 인천일보

전기협회 공동 국회 정책포럼
디지털시대 신종 혐오시설
전자파 공개·매설 깊이 조정
수도권 집중, 지방분산 언급
공업지 신축 등 전문가 제언

디지털시대 필수 인프라지만 동시에 신종 혐오시설로 떠오른 데이터센터의 건립을 둘러싼 갈등을 해소하기 위해 관련법 개정과 지역 주민과의 정보 공유가 필요하다는 전문가 등의 제언이 나왔다. 〈인천일보 1월 10일자 6면 "발암률 5.6배"vs"일상 전자파"-데이터센터 건립 갈등〉

대한전기협회가 16일 더불어민주당 이재정·강득구·민병덕·이탄희 국회의원이 서울 여의도 국회의원회관에서 공동 주최한 '데이터센터 확산과 초고압선 부설에 따른 갈등해소 및 대책모색' 정책포럼에서다.

이날 토론회에서 이희석 안양시 도로과장은 "데이터센터가 전용주거지역과 보존녹지지역을 제외한 전용도지역에서 건립이 허용되고 있다"며 "주거지역과의 상충성을 배제하기 위해 공업지역에 한해 데이터센터의 신축이 필요하다"고 관련법 개정 필요성을 언급했다.

이 과장은 초고압선 매설 깊이(현행 지하 1m, 예외 0.6m)가 너무 얕다는 주민 민원과 관련, "(도로법 시행령 등) 어떤 방식으로든 매설 심도의 조정이 필요하다"는 견해도 밝혔다.

김기회 국립전파연구원 연구관은 전자파와 관련해 "있는 그대로의 올바른 정보를 지역 주민들과 공유해야 한다. 주민들이 원하는 장소에서 전자파를 측정해 결과를 공개하고 서로 합의점을 찾아야 한다"고 강조했다.

김 연구관은 초고압선 매설이 이후에도 사후 관리 차원에서 "지속적으로 주민들이 원하는 정보를 제공할 필요가 있다"고 부연했다.

업계를 대표해 참석한 최영범 LG유플러스 전문위원은 "인공지능(AI), 사물인터넷(IOT), 빅데이터, 자율주행 등 4차산업의 특성이 빠른 응답성"이라며 "4차산업의 특성상 수요처와 가장 가까

16일 열린 데이터센터 확산과 초고압선 부설에 따른 갈등해소 및 대책모색 정책포럼.

이 있는 게 서비스에 가장 유리하다"고 말했다.

수도권에 산업과 인구가 밀집돼 있는 만큼 데이터센터도 수도권에 구축될 수밖에 없다는 취지다.

반면, 박상희 산업통상자원부 신산업분산에너지과 과장은 토론에 앞선 주제 발표에서 데이터센터의 지방 분산 필요성을 언급했다.

데이터센터가 수도권에 밀집된 상황에서 화재나 지진 등 재난 발생시 통신 인프라가 마비되는 등 국가적 혼란이 초래될 우려가 있기 때문이다.

실제로 지난해 10월 발생한 SK C&C 판교데이터센터 화재로 카톡 등 서비스가 중단되는 사태가 발생한 것이 대표적이다.

박 과장은 "전력을 많이 쓰는 데이터

센터가 수도권에 집중되면 전력계통 수급에 부담이 되고, 장거리 송전망 추가 건설이 필요한 경우, 부담이 더욱 가중된다"고 덧붙였다.

문제가 된 데이터센터의 경우 최근 건립 수요가 크게 늘고 있지만, 15만4000V 초고압선 매설 등에 따른 사업자와 지역주민 간 갈등이 빈번하게 발생하고 있다. 전자파 피해를 우려하는 주민 목소리도 높아지고 있는 상황이다.

산업통상자원부 등에 따르면 국내 데이터센터 현황은 지난해 9월 기준 전국 147개가 운영되고 있으며, 이 가운데 60%가 수도권에 몰려 있다.

데이터센터는 오는 2029년까지 630여개가 추가로 신설될 계획인데, 이 중 550개(86.3%)개 수도권에 분포할 것으로 예상돼 집중도는 더 높아질 전망이다.

데이터센터 반대여론이 높은 안양시의 경우, 현재 관내 데이터센터 1개소가 운영 중이며, 2개소가 건립되고 있다. 여기에 신규로 1개소가 더 들어설 계획이다.

/글·사진 노성우 기자 sungcow@incheonilbo.com

(35.7*15.9)cm

강득구의 발바닥 정치
교육과 지역에서 희망을 보다

ⓒ강득구, 2023

발행일 2023년 11월 26일

지은이 강득구
발행인 박주필
윤문 송년식
디자인 피그말리온

펴낸곳 와선재
출판등록 제2011-000174호
주소 서울시 영등포구 국회대로 70길 18 한양빌딩 1103호
대표전화 02-761-0823
팩스 02-761-0824
이메일 marsco@hanmail.net

값 20,000원
ISBN 979-11-85588-37-7 03300
★파손된 책은 교환하여 드립니다.